KB190094

영의 전투

Originally published in English under the title

The Warfare of the Spirit

by A. W. Tozer

Copyright ⓒ 1993 by The Moody Bible
Institute of Chicago
Published in the United States by Moody Publishers,
820 N. LaSalle Blvd., Chicago, IL 60610
All rights reserved.

This Korean Translation Copyright © 2024 by Kyujang Publishing Company

A. W. 토저 마이티 시리즈(A. W. TOZER Mighty Series)

토저는 교인수의 성장을 위해서라면 대중의 인기에 야합하고, 거대 기업의 경영방식을 무차별 차용하고, 할리우드 엔터테인먼트 방식을 예배에 도입하는 것에 대해 통렬한 비판을 가하였다. 그는 현대의 교회가 물량적 성장을 위해서라면 교회의 순결성을 포기하는 듯한 자세를 보일 때는 그것을 좌시하지 않고 언제나 선지자의 음성을 발하였다. 듣든지 안 듣든지 이스라엘 교회의 세속화를 준열히 책망했던 예레미야처럼, 토저도 시대에 아부하지 않고 하나님교회의 순정성(純正性)을 파수하기 위해 '강력한'(Mighty) 말씀을 선포했다. 그래서 토저는 '이 시대의 선지자'라는 평판을 들었다. 토저가 신앙의 개혁을 위해 외쳤던 뜨겁고 강력한 메시지를 이 시대의 우리도 들어야 한다. 말씀과 성령에 의한 개혁이 절실히 필요한 이때, 규장에서 토저의 강력한(Mighty) 메시지들을 'A. W. 토저 마이티(Mighty) 시리즈'로 출간한다.

"토저의 설교는 설교단에서 발사되어 청중의 마음을 관통하는 레이저 광선과 같다." – 워런 위어스비

A . W . T O Z E R

THE WARFARE OF THE SPIRIT

—

영 의 전 투

A.W. 토저

MIGHTY SERIES 37

규장

서문

03 part **좋은 태도가
승리를 부른다**

04 part **승리를 위해
본질을 회복하라**

어머니 에이다 포츠 토저(Ada Pfautz Tozer)와 아버지 에이든 윌슨 토저(Aiden Wilson Tozer)의 자녀인 우리는 이 두 분에 대해 하나님께 깊이 감사드립니다. 부모님은 우리에게 풍성한 기독교 신앙의 유산과 건전한 교훈을 물려주셨고, 끊임없는 자기희생을 보여주셨습니다.

많은 사람이 A. W. 토저의 글과 설교의 진가를 먼발치에서 보고 계속 인정해주고 있습니다. 하지만 우리는 집에서, 바로 가까이에서 아버지와 어머니를 보았습니다. 두 분은 성령의 삶을 살겠다는 굳은 결의로 충만하셨고, 아버지가 전하셨던 진리들을 정말로 거짓 없이 믿으셨습니다.

어머니의 조언과 도움, 격려와 자기희생은 아버지의 사역에 꼭 필요한 것이었습니다. 너무 활기가 넘쳐서 잠시도 조용할 틈이 없는 집안을 이끌어야 할 무거운 책임을 기꺼이 지겠다는 어머니의 의지와 인내와 강인함이 없었다면,

아버지는 그렇게 살지 못하셨을 것이고 또 그렇게 사역하지 못하셨을 것입니다.

어머니의 상냥한 성격과 밝은 미소, 친절한 손님 응대와 주변 모든 사람을 향한 사랑과 친근함 덕에 우리 가정은 행복했고, 우리의 삶은 안전했습니다.

부모님이 우리에게 만들어주신 가정의 중심에는 그리스도와 성경이 있었고, 교회는 우리 삶의 큰 부분이었습니다. 주일 사역을 마치고 저녁 식사를 할 때면, 부모님은 우리에게 그날의 설교에 대한 소감을 말해보라고 하셨고, 우리의 견해가 아무리 설익은 것이라 해도 두 분은 그것이 아주 중요하다는 듯이 경청해주시며 그에 대해 이런저런 말씀을 해주셨습니다.

그런 다음에는 대개 성경 말씀, 음악, 문학 작품, 기타 학문 분야에 대한 대화가 이어졌습니다. 심지어는 영어 파생어 같은 간단한 주제에 대한 얘기도 오갔습니다. 우리의 대화는 진지했지만, 대화에서 빠지는 사람이 없도록 유머와 친근한 농담이 언제나 충분히 곁들여졌습니다.

부모님은 식탁에 둘러앉은 모든 사람이 하나의 팀으로 돌아가게 만드셨습니다. 그렇게 하기 위해 어머니는 누가 말하든 다른 사람들이 그의 말에 집중하고 또 아무도 상처받지 않도록 분위기를 잡으셨으며, 아버지는 교육을 너무 많이 받은 아이들이 우쭐해하며 내놓는 미숙한 아이디어를 놀리시거나 엉성한 논리를 지적하셨습니다.

두 분이 가정을 이끌어 가신 방법은 압력이나 엄한 규칙이 아니라 존중과 높은 기대, 열린 대화와 사랑, 생활 속의 모범이었습니다. 언제나 두 분은 이 세상과 내세에서 모두 중요한 것들을 강조하셨습니다.

아버지의 사설을 모은 이 책을 출판하면서 그토록 훌륭

한 부모님을 주신 하나님의 은혜를 이렇게 공개적으로 인
정할 수 있게 된 것에 감사를 전합니다.

로웰, 포레스트, 에이든 주니어,

웬델, 롤리, 스탠리, 레베카

THE WARFARE OF THE SPIRIT

치열하고 교묘한
영의 전투

chapter 1

영의 전투

　세상은 예수님을 이유 없이 미워했다. 예수님 시대의 사람들은 예수님을 향해 황당한 비난을 퍼부었지만, 예수님을 향한 그들의 불합리한 분노의 이유를 예수님의 가르침과 행위에서 찾을 수는 없었다. 사람들이 예수님을 미워한 것은 예수님의 '언행' 때문이 아니라 예수님의 '존재' 때문이었다.

　우리가 사는 이 타락한 세상에는 일종의 이원체제(二元體制)가 존재하는데, 가인과 아벨의 시대로부터 지금까지 신자들이 견뎌야 했던 박해들은 대부분 이 이원체제로 설명된다.

　이 땅에서는 두 가지 영, 즉 하나님의 영과 사탄의 영이 영원한 적대관계에 놓여 있다. 종교적 증오의 표면적 원인은 아주 다양하겠지만, 깊고 진정한 원인은 거의 언제나 동일하다. 그것은 사탄이 그의 추악한 타락 이후로 지금까지 항상 하나님과 하나님나라에 대해 느껴온 '지극히 오래된 적의(敵意)'다.

계속되는 사탄의 공격

사탄은 인류를 무한히 지배하려는 욕망으로 불탄다. 사탄의 이런 악한 야망이 하나님의 영에 의해 도전받을 때마다 사탄은 예외 없이 공격적이고 폭력적인 분노를 드러내며 응수한다.

하나님께서 준비하신 속량의 은혜 안에서 우리는 그리스도와의 연합을 온전히 누릴 수 있다. 그런 연합을 보고 세상은 그리스도께서 육신으로 계셨을 때 그분을 향해 보였던 반응과 똑같은 반응을 본능적으로 우리에게 보일 것이다.

그런데 오늘날 우리 그리스도인들이 믿음 없는 대중의 마음에 기껏해야 지루함의 감정만을 유발하고 마는 것은 우리의 아주 큰 수치다. 대중은 우리를 만나도 아무 관심을 보이지 않거나 관용의 미소를 짓고 마는데, 그들의 침묵은 불길한 징조이며 표적이다. 그들의 무반응 앞에서 우리는 기도하며 우리 자신을 살피는 시간을 가져야 하고, 눈물로 밤을 보내야 한다.

사탄의 분노를 이끌어내는 것은 우리 안에 계신 그리스도의 영이시다. 세상 사람들은 우리가 무엇을 믿든지 간에 별로 상관하지 않는다. 우리의 종교적 형식을 무덤덤하게 쳐다만 본다. 하지만 그들이 결코 참을 수 없는 것이 하나 있는데, 그것은 우리 안에 있는 하나님의 영의 임재다!

세상 사람들은 그들 마음속에서 끓어오르는 그 이상한 적개심의 원인을 모를 수도 있지만, 그럼에도 불구하고 그 적개심은 분명히 존재하며 또 위험스러운 것이다. 사탄은 '아들'을 상대로 계속 싸움을 일으킬 것이고, 그리스도의 영이 거하는 영혼은 언제나 사탄의 공격 목표가 될 것이다.

chapter 2

재정 문제,
기도하며 깊이 생각하라

　돈 문제, 그리고 교회의 재정 문제는 우리가 기도하며 성경의 빛에 비추어 다시 검토해보아야 할 문제다. 우리는 이 모든 문제를 다시 평가하고 조정하여 결국에는 그리스도의 교훈에 복종해야 한다.

　우리가 평소에 주장하는 것처럼 진정 성경이 우리가 영적인 일들에 대해 믿어야 할 모든 것의 원천이라면, 오늘날 복음주의 교회들의 재정적 관행에 대해서는 우리가 마땅히 우려해야 한다. 이 글에서 나는 그리스도인 개개인이 그들의 돈을 어떻게 사용해야 하는지에 대해서는 언급하지 않겠다. 다만 교회와 기독교 기관의 생각과 관행에서 돈이 어떤 위치를 차지하고 있는가의 문제를 다루겠다.

돈에 대한 예수님의 진리

기독교의 진리는 신약성경의 글 자체에서뿐만 아니라, 신약성경의 분위기와 정신에서도 발견된다. 우리 주님의 입에서 나온 말씀이 진리를 계시했지만, 이 땅에서의 그분의 삶도 그만큼 진리를 계시했다. 주께서 이런저런 일에 대해 느끼신 것, 그분이 그것들에 부여하신 가치, 그분의 동정심, 그리고 그분의 반감 같은 것들은, 좀 더 격식을 갖춘 그분의 교훈만큼이나 우리에게 가르침을 준다.

예수님의 교훈뿐만 아니라 그분의 삶에서 우리가 배울 수 있는 한 가지 진리는, 이 땅의 재물로 인간의 행복을 살 수 없다는 것이다. 부자 교회는 그들의 주(主)께서 가난한 사람이었다는 것을 이해하기 힘들다.

만약 예수님이 과거 예루살렘에 나타나셨듯이 지금 우리의 도시 길거리에 나타나신다면 십중팔구 부랑자로 잡혀가실 것이다. 만일 그분이 과거 무리에게 돈에 대해 가르치셨던 것을 지금 여기에서 가르치신다면, 도처의 교회와 사경회와 선교회들은 예수님을 비현실적이고 광신적이며 교계에 위험한 인물로 규정하여 블랙리스트에 올릴 것이다.

우리 주님의 돈에 대한 개념은 오늘날 그분을 따른다고

고백하는 자들의 개념과 달랐다. 특히, 현재 기독교 지도자들이 돈에 부여하는 위치는 예수님이 돈에 부여하신 위치와 다르다. 우리의 기독교 지도자들에게는 돈이 필요하지만, 예수님에게는 돈이 필요하지 않았다. 우리는 예수님의 가난을 시적(詩的)으로 미화하면서도 예수님처럼 가난하게 되지 않으려고 발버둥 친다.

우리는 부자가 천국에 들어가는 것이 불가능하다는 예수님의 분명한 선언을 요리조리 교묘하게 설명해서 결국 무의미하게 만든다. 예수님의 교훈은 이제 우리에게 아무 의미가 없게 되었다. 왜냐하면 미국이 그토록 많이 가르친 교훈을 그리스도의 교훈에다 섞어버렸기 때문이다. 미국에 만연한 교훈은 벤자민 프랭클린(1706~1790. 미국의 정치가 및 사상가)의 교훈과 돈밖에 모르는 철학자들의 교훈이다.

교회의 재정은 마땅히 교회생활의 일부가 되어야 할 선한 것이지만, 거기에는 늘 위험이 따른다. 그 위험이라는 것은 교회 재정이 교회를 이끌어가는 사람들의 머릿속에서 너무나 중요한 것이 되어버려서, 그것보다 훨씬 더 본질적인 것들을 서서히 몰아내는 현상이 나타나는 것이다.

오늘날 지역교회와 복음주의 기관들에서 발견되는 징후

들은 우리의 마음을 착잡하게 만드는데, 그러한 도덕적 감염을 미리 발견하여 처리하지 않으면 그 타락과 부패의 징후들은 결국 영적 죽음을 낳을 것이다.

불길한 징후들

구체적으로 말하자면, 일부 교회 지도자들은 상업적 감각을 발달시켜 매사를 교회 재정의 관점에서 판단하는 지경에 이른 것 같다. 교회가 무슨 일을 할 수 있는지를 판단하려고 할 때, 교회의 재정 상태가 판단기준이 되고 있다. 이런 일부 교회 지도자들이 영적 사역을 시작하려고 할 때 고려하는 것은 재정적 수입에 대한 전망뿐이다. 그들에게는 기적이 일어날 수도 있다는 믿음도 없고, 돈과 무관한 영적 사역의 특성에 대한 이해도 없다. 이런 악한 관행이 생기는 이유는 신앙과 재정의 관계에 대한 잘못된 관점 때문이다.

어떤 교회에서든지 간에 재정 담당자가 영향력을 행사하기 시작하는 것은 불길한 현상이다. 물론 재정 담당자가 하나님의 사람이라면 다른 교인들과 똑같은 위치를 차지하는 것이 당연하다. 만일 그에게 은사와 미덕이 있다면, 그가 자연스럽게 형제들 중에서 나름대로의 영향력을 행사하는 것도 당연하다. 이것은 정상적이고 옳은 일이다. 그가 재정 담당자로서가 아니라 하나님의 사람으로서 영향력을 행사한다면 말이다.

그런데 그가 재정 담당자이기 때문에 자꾸 중요한 인물이 되어간다면, 성령은 슬퍼하실 것이고 성령의 나타나심은 줄어들기 시작할 것이다. 그다음에는 믿음이 식으면서 영적 열매가 사라질 것인데, 그렇게 되면 우리는 그런 상태를 극복하기 위해 부흥을 일으켜달라고 하나님께 필사적으로 기도하게 될 것이다. 그러나 부흥이 일어나지 않는 이유는 우리가 하나님의 법을 어겼기 때문이며, 성령으로 하여금 그분의 능력을 우리에게서 거두어가시도록 했기 때문이다.

불길한 징조와 징후는 또 있는데, 그것은 어떤 교인을 잘 설득해서 많은 헌금을 내게 한 후, 그의 영적 은사와 품행에 어울리지 않는 과분한 직분을 그에게 주는 관행이다. 재정적 기부를 얻어내기 위해 어떤 그리스도인에게 접근하여 환심을 사려고 애쓰는 것은 돈을 보고 결혼하는 것만큼 악한 일이다. 어떤 이유에서든 간에 누군가에게 아첨하는 것은 우리의 품위를 떨어뜨리고 그 사람의 영혼을 위태롭게 한다.

어떤 사람이 돈을 많이 낸다고 해서 그에게 아첨하는 행위는 또한 그를 향한 '숨겨진 모욕'이라고 할 수 있는데, 왜냐하면 아양 떨듯 말하는 음성과 히죽히죽하는 웃음 속에는 "당신의 돈이 당신보다 더 중요하므로 당신은 더 존경받아야 합니다"라는 의미가 담겨 있기 때문이다.

돈에 대해, 그리고 돈이 교회의 사역과 예배에서 차지하는 위치에 대해 성경은 많은 것을 말한다. 다른 모든 문제에서와 마찬가지로 돈의 문제에서도 우리의 사고와 실천을 하나님의 뜻에 일치시키는 것은 가능하다.

chapter 3

판단의 기준이
재정인가, 믿음인가

그리스도께서는 그분을 따르는 사람들을 자녀 또는 양 떼에 비유하셨으며, 새와 백합화가 우리에게 귀중한 교훈을 줄 수 있다고 말씀하셨다.

이 네 가지 작은 피조물은 서로 매우 다르지만 한 가지 공통점이 있는데, 그것은 염려로부터 완전히 자유롭다는 것이다. 그들에게는 재정적 고민이 없다. 그들은 본능적으로, 단순하게, 긴장 없이 살면서 하나님의 돌봄을 받는다.

우리 주님은 우리 그리스도인이 그 네 가지 피조물처럼 살기를 바라신다. 또한 모든 교회가, 그리고 어떤 종류의 기관이든 간에 모든 기독교 기관이 그들 같은 태도로 살기를 바라신다.

세상 관점을 따라가는 교회 재정 원칙

그러나 유감스럽게도, 교회 안에 있는 우리 또한 비즈니스 세계를 지배하는 재정 철학을 초월하지는 못하는 것 같다. 그러다 보니 우리는, 우리가 잘 알고 있는 큰 세속기관들의 심리를 교회 재정 문제에 그대로 적용하여, 은행이나 백화점을 판단하듯이 회계보고서에 의해 교회를 판단한다.

관심을 갖고 교회의 역사를 살펴보면, 참된 교회는 거의 언제나 가난보다는 번영 때문에 더 힘들었다는 사실을 즉시 알게 될 것이다. 교회의 영적 힘이 극대화되었던 시기는 교회가 배척받고 극도로 가난했던 시기와 거의 언제나 일치한다. 부(富)가 주어졌을 때 교회는 오히려 약해지고 신앙적으로 퇴보했다. 여기에 담긴 깊은 이치를 깨닫지 못하면 틀림없이 교회는 실수할 수밖에 없다. 사람들은 그들의 본성에 따라 행동하기 마련인데, 결국 교회도 사람들로 구성된 조직이기 때문이다.

권력을 손에 쥔 세력이 돈을 그들의 권력 유지에 사용한다는 것은 널리 알려진 사실인데, 이것은 교회의 경우도 예외가 아니다. 종교계도 경제적 압박에서 자유롭지 못하다. 경제적 압박은 언제나 마귀의 도구로 사용되어 왔는데, 예를 들면 용기 있는 목회자를 고분고분하게 만들기 위해 교회의 최고결정기구에 의해 사용되었거나, 또는 지역교회를 순치하기 위해 교단 지도자들에 의해 이용되었다. 그런 잘못된 남용이 생기는 것은 우리가 교회 재정 처리에 있어서 비성경적인 방법을 사용하는 관행에 깊이 빠져 있기 때문이다.

돈과 영적 성취

내가 지적하고 싶은 것은, 돈이 영적 싸움을 하는 교회의 삶 전체에서 그 나름대로 정당한 위치를 차지하는 것은 마땅하지만, 문제는 성경적으로 건전하고 도덕적으로 정당한 범위를 넘어서는 과도한 중요성이 돈에 부여되는 경향이 있다는 것이다.

보통의 교회들은 교회의 조직과 재정에 있어서 체계를 아주 잘 잡아놓았기 때문에 하나님이 더 이상 필요 없게 되었다. 교회를 이끌어 나가는 사람들의 권위가 뿌리를 깊게 내렸고, 교인들의 신앙적 습관이 아주 굳어져버렸기 때문에, 이제 하나님께서 교회에서 철수하셔도 될 것 같은 상태가 되어버렸다. 이제 교회는 자체의 힘으로 몇 년씩 그냥 굴러갈 수 있게 되었다! 그런데 그런 현상이 기독교 학교, 사경회 그리고 선교회에서도 나타나고 있다.

특히 유감스러운 것은 교회와 기독교 기관의 활동이, 현재의 재정 상태나 예상되는 미래의 재정 수입을 고려하여 축소된다는 것이다. 이런 현상의 뿌리를 캐보면, 이 현상이 하나님의 영의 능력을 다양한 지역의 다양한 임금 수준이나 국가 경제 상태에 종속시키려는 우리의 태도에서 비롯되었다는 것이 밝혀진다.

지역교회 교인들이 십일조와 헌금을 드리지 않으면 그 교회의 통계적 성취는 물론 줄어들겠지만, 교회의 진정한 영적 성취는 언제나 재정에 의존하지 않고 그 교회의 영적 상태에 의존한다.

교인들이 거룩하면 교회의 재정 상태가 아주 좋아질 것이다. 또는, 교인들이 후히 베푸는 성격이지만 가난하다면 성령께서는 교회의 재정 능력을 훨씬 초월하는 풍성한 열매를 그들에게 허락하실 것이다. 교회의 진정한 열매는 교회의 기본적 영성에 비례하는 것이지, 교회의 재정 상태에 좌우되지 않는다.

비극적인 교회 성장 패턴

교회나 교파의 역사는 꽤 일정한 패턴에 따라 진행되는 모습을 보여왔다. 교회와 교파는 가난과 능력에서 시작하고, 기반을 잡아 모든 위험을 제거하고 재정적 안정을 이루며, 사회에서 받아들여지고, 하나님의 도우심을 필요로 하지 않을 만큼 성장한다.

또한 명목상으로는 그리스도를 '제일 높은 분'으로 모시지만 실제로는 그분의 주권을 무시하면서 장로들의 전통을 따라 굴러가고, 교회나 교파의 조직과 보조를 맞추는 목회자들에게 노령연금의 형태로 보상을 해주며, 힘을 쓸 수 있는 자리에 충분한 사람들을 앉혀서 교회나 교파의 번영과 더불어 금전적 이득을 취하도록 해준다. 그리고 그다음에는 '죽은 자의 평화로운 안식을 위한 기도'(requiescat in pace)가 이어지지만, 이 모든 것에서 비극적인 점은 그가 죽었다는 것을 아무도 모른다는 것이다!

그러나 교회와 교파의 구성원들이 그들의 조직이 잘못된 길로 가고 있다는 것을 너무 늦기 전에 알아챘다면, 교회와 교파는 그 비극적인 길을 끝까지 가지 않아도 된다. 하지만 과연 그렇게 될까?

우리는 재정 담당자의 회계보고에 너무 목을 매기 때문에 우리가 누구인지, 우리가 무엇을 위해 부름 받았는지를 쉽게 망각한다. 어떤 일을 이루는 것이 가능하다면, 누구라도 그것을 이룰 수 있을 것이다. 약간의 용기와 열정을 불어넣으면 어떤 이들은 아주 탁월한 일을 이룬다.

그런데 불가능한 일을 이루어야 할 입장에 있는 이들은 오직 그리스도인들뿐이다. 우리가 삼손처럼 믿음으로 일어나 우리를 묶고 있는 밧줄을 끊어버린다면, 교회는 수입보다 더 많은 돈을 지출하는 기적을 다시 이룰 것이다. 하나님께서 상황보다 훨씬 더 크신 것처럼, 교회의 지출이 수입보다 훨씬 더 커질 수 있다!

우리에게 삼손의 믿음이 있었다면, 하나님의 사람들이 기적을 위한 여지를 남겨둘 때 그분이 어떻게 기적을 일으키시는지를 우리의 눈으로 보았을 것이다.

chapter 4

어릿광대에게
왕관을 씌워주는 세대

사람들은 옛날에 왕에게는 왕관을 씌워주고 궁정 어릿광대에게는 모자와 종을 달아주었지만, 지금 우리는 어릿광대에게는 왕관을 씌워주고 왕에게는 빈 깡통을 달아준다.

역사를 읽어본 사람은 누구나 알겠지만, 궁정 어릿광대는 왕이 때로는 위험하기까지 한 막중한 국가경영의 부담에서 잠시 긴장을 풀도록 웃음을 선사하는 일을 하는 궁정 전속의 직업적 어릿광대, 즉 코미디언이었다.

옛날에 이 궁정 어릿광대는 사람들을 즐겁게 해주는 재빠른 위트와 재능 덕분에 아주 특이한 일을 하는 사람이었다. 그는 한자리에 모인 지체 높은 사람들이 배꼽을 쥐고 웃게 만드는 유머를 구사하는 능력 때문에 사랑받았다.

그 유머는 때때로 지체 높은 사람 중 하나를 대상으로 삼았고, 심지어는 왕을 대상으로 삼기도 했다. 왕을 상대로 농담을 하는 것이 약간은 위험한 일이었는데, 이는 왕이 그 농담을 너그럽게 받아주어 좌중과 함께 폭소를 터뜨릴지, 아니면 그 농담을 무례하게 여겨 어릿광대를 채찍질하며 투옥하라고 명령할지를 광대로서는 알 수 없었기 때문이다.

최상의 경우, 궁정의 어릿광대는 애완동물처럼 귀여움을 받았다. 반대로 최악의 경우, 몸의 여기저기에 발길질이나 손찌검을 당하였는데, 왜냐하면 그의 위트가 너무 지나쳤거나 아니면 왕의 기대와는 달리 웃긴 얘기를 들려주지 못했기 때문이다.

우리 인간이 하나님의 형상으로 창조되었지만, 죄로 말미암아 영적 맹목(盲目)과 죽음의 상태로 떨어져버렸다는 것을 생각할 때, 나는 과도한 보수를 받는 궁정 어릿광대가 될 바에는 차라리 영생에 관심을 갖는 진지한 바보가 되겠다. 궁정 어릿광대가 하는 일은 기껏해야 사람들을 웃겨서 죽음과 죽음 후의 심판을 잊게 하는 것 아닌가?

왕관을 쓴 어릿광대

미래 모든 세대의 희망을 두 어깨에 걸머지고 있는 의사, 간호사, 교사 그리고 정치가보다 연예인이 사람들에게 더 높이 평가되고 있는 것은 정말 믿기 힘든 일이지만, 이는 현재 문명사회라고 하는 우리의 사회에서 실제로 일어나는 현상이다. 지금 미국에서는 왕관을 쓴 궁정 어릿광대가 큰 소리로 웃는 수백만 백성의 마음을 지배하는데, 백성은 저녁에 집으로 돌아와 신발을 벗어던지고 박장대소(拍掌大笑)하며 저녁 시간을 보내는 것보다 더 고상하거나 더 선한 것을 이생의 삶에서 원하지 않는다. 현재의 왕 같은 어릿광대가 누구든지 간에 그가 제공하는 진부한 농담한 접시를 즐기며 저녁 시간을 보내는 것보다 더 소중한 것이 그들에게는 없다.

그 어릿광대를 떠받드는 그의 신민(臣民)이 그 어릿광대의 농담은 남이 써준 대본이란 사실을 안다 할지라도, 어릿광대가 쓴 금 면류관의 빛은 전혀 흐려지지 않는 것 같다. 여전히 어릿광대는 대중이 그에게 자발적으로 바치는 공물을 취하고, 대중은 자신들의 죄를 슬퍼할 바에는 차라리 경솔한 웃음소리로 도피하고 만다.

홀대 받는 진정한 왕들

그렇다! 우리는 어릿광대에게 왕관을 씌웠고, 우리 중에 있는 진정한 왕들을 내쫓았다. 우리는 우리를 위해 아침부터 저녁까지 수고하는 농부, 우리가 맡긴 아이들을 성숙한 사회인으로 길러내기 위해 애쓰면서 지치고 늙어가는 교사, 그 아이들을 이 세상에 태어나도록 돕고 또 그들의 성장기에 건강을 보살펴준 의사, 우리의 길거리를 그나마 안전하게 해주는 길모퉁이 경찰관, 우리의 역사 속에서 미국 땅을 백 번이나 구하기 위해 피를 흘린 병사, 그리고 이 나라를 자유롭게 하고 그 자유를 지키기 위해 수고하는 애국 정치가를 내쫓았다.

우리가 이 진정한 왕들에게 충분한 금전적 대우를 하지 않고, 대수롭지 않게 여기며, 내심 약간 못마땅해하는 동안, 궁정 어릿광대는 자기가 싸구려 광대에 불과하다는 것을 망각하고 자신이 마치 왕이라도 된 듯이 뽐내며 온 세상을 돌아다닌다.

단시일 내에 큰 변화가 일어날 것 같지는 않다. 나의 이런 항의가 죄에 찌들어 있고 습관에 얽매여 있는 이 세상의 문제들을 쉽게 바꾸어놓을 것이라고 믿을 만큼 내가 순진한 것은 아니다. 다만 나는 하나님의 자녀들이 내 말을 이해해주기를 바라고 있다. 심지어 그리스도인들도 종종 이 세상의 문제를 지적해주어야만 비로소 그에 대해 문제의식을 갖곤 한다.

chapter 5

우리에게 필요한 분은
오직 그리스도

그리스도인의 삶을 위한 조언과 안내를 얻기 위해, 자신
보다 더 지혜롭고 더 신령한 사람의 모범을 깊이 의지해
본 경험이 모든 신자에게 있을 것이다. 만일 이제까지 그
런 경험이 없었다면, 앞으로 언젠가는 있게 될 것이다.

건강한 스승과 제자 관계

그런 경험은 선한 것이고 성경적인 것이기 때문에 비판
받아서는 안 된다. 그리스도 안에서 갓 태어난 사람이 깨
끗하고 거룩한 영혼을 모범으로 삼아 그에게서 하나님나
라의 길을 배우게 된다면, 그 갓 태어난 사람은 매우 복된
것이다. 그에게 모범이 되는 사람은 그 어린 그리스도인이

범하거나 빠질 수도 있는 많은 실수와 함정에서 그를 건져 주는 멘토로서 일하는 것이다.

이런 것에 대해 성경은 많은 교훈을 주며, 또 많은 예를 기록해 놓았다. 여호수아에게는 모세가 있었고, 엘리사에게는 엘리야가 있었으며, 디모데에게는 바울이 있었다. 기꺼이 배우려는 마음이 젊은 세대에게 있었다는 것은 그들에게 겸손의 미덕이 있었다는 것을 말해주고, 기꺼이 가르쳐주려는 마음이 선배 세대에게 있었다는 것은 그들에게 인내의 미덕이 있었다는 것을 보여준다.

만일 모세가 그의 무리와 어울리기를 거부하면서 젊은 여호수아를 귀찮게 여겼다면, 이스라엘의 역사는 달라졌을 것이다. 또한, 여호수아가 너무 자신감 넘치고 교만해서 모세의 발아래에 앉지 않았다 해도 이스라엘의 역사는 달라졌을 것이다.

홀로서기가 필요하다

그런데 선생과 제자의 관계는 일정 선까지만 정상적이고 건전한 것이다. 그 선을 넘으면 선생과 제자 모두에게 해가 된다. 어린 아기가 엄마의 품에 안긴 모습은 누가 보기에도 자연스럽고 아름답지만, 네 살짜리 아이가 여전히 젖을 떼지 못하고 있다면 그 아이는 신체적으로나 정신적으로 해로운 상태에 있는 것이다. 그런 비정상적인 모습을 보는 사람들은 그 아이의 지능 상태와 그 엄마의 능력과 지혜에 강한 의구심을 품게 될 것이다.

엘리사는 늙은 엘리야가 그에게 가르쳐줄 수 있는 모든 것을 가르쳐주었을 때, 더 이상 그를 따르지 않았다. 그때, 하나님은 엘리야를 데려가셨고 엘리사는 홀로 서야 했다. 영적 선생으로서 엘리야의 능력에 대한 최고의 칭찬은 다름 아닌 주님에게서 나왔는데, 그 칭찬의 방법은 엘리야를 하늘로 데려가시고 그의 제자 엘리사가 홀로 사명의 길을 가도록 하신 것이었다. 그 늙은 하나님의 사람 엘리야는 그의 사명을 잘 완수했으며, 그의 젊은 제자에게는 더 이상 그가 필요하지 않게 되었다.

선생과 제자 사이에서 일어날 수 있는 이런 식의 패턴은 역사 속에서 수없이 반복되어 왔다. 그 패턴이란 선생이 자신을 더 이상 필요 없는 존재로 만들고 세상을 떠난 다음에 제자가 똑바로 서서 아무도 의지하지 않고 걷는 것이다!

사실 이것은 너무도 당연한데, 왜냐하면 선생이 언제까지나 이 땅에 살아 있을 수는 없기 때문이다. 흘러가는 시간은 선생을 데려가기 마련이다. 그 후 진리의 햇불을 높이 드는 것은 그가 이 땅에서 활동했을 때 가르치고 격려했던 사람들의 몫이다. 만일 선생이 제대로 가르치지 못했거나 그의 제자들이 제대로 배우지 못했다면 하나님의 일은 비틀거리다가 중단되었을 것이고, 그 결과 세상은 더욱 어려워졌을 것이다.

아무도 필요 없게 만들라

이런 나의 얘기를 들을 수 있을 정도로 성숙한 사람들에게 나는 "당신에게 아무도 필요 없게 만드시오!"라고 말해주고 싶다. 낮은 사람들에게서 배울 만큼 온유해지고, 깨달은 사람들에게서 배울 만큼 지혜로워져라. 다른 이들의 체험을 보고 재빨리 유익한 교훈을 얻으며, 어느 방향에서 들리든 간에 지혜의 음성을 경청할 준비를 하라.

벌이 꿀을 얻기 위해 꽃들이 아주 많은 곳에서 날아다니듯이, 당신도 영적 꿀을 가장 많이 발견할 수 있는 곳에서 영적 꿀을 찾아야 하는데, 그곳은 온전히 헌신하며 기도에 전념하는 경험 많은 그리스도인들이 있는 곳이다.

모든 사람이 당신의 삶에 가르침을 줄 수 있다. 당신이 그 가르침을 얻는 법을 안다면 말이다. 어떤 사람은 당신이 묻지도 않았는데 당신 마음속의 의문에 대답을 해주고, 당신의 생각을 알아맞히는 능력을 보여줄 수도 있다.

그러나 그렇다고 해서 누군가에게 기생충처럼 달라붙어서는 안 된다. 그 누구도 대가(大家)로 모시지 말라. 성령의 감동으로 성경을 기록한 사람들이 아니라면, 그 누구도 그렇게까지 신뢰할 필요는 없다. 가장 훌륭한 성도도 실수할 수 있다.

다시 말하지만, 당신에게 아무도 필요 없게 만들라. 우리에게 필요한 분은 오직 그리스도시다. 그분이 없다면 우리는 완전히 불쌍한 존재다. 그분이 없다면 우리는 살 수 없고, 심지어는 감히 죽을 수도 없다. 그분의 필요성은 현실이고, 필수적이며, 세상의 끝날까지 계속되다가, 결국 영원까지 이어질 것이다.

우리에게 필요한 분은 한 분이시다

그리스도께서는 그 깊고 절박한 필요성을 완전히 충족

시키시기 때문에 우리에게 그분이 있다면 더 이상 다른 존재는 필요하지 않다. 동료 그리스도인들이 우리에게서 도움을 얻을 수 있듯이 우리 또한 그들에게서 도움을 얻을 수 있지만, 그들의 필요성은 상대적이고 일시적이다. 어떤 사람을 우리에게 영적으로 필수적인 사람으로 삼는 것은 변화무쌍한 모래 위에 집을 짓기 위해 반석을 버리는 것과 같다.

사실, 그토록 독립적인 경지까지 이르려면 깊은 헌신이 있어야 하고 또 세상의 이해관계를 완전히 초월해야 한다. 우리가 사람을 의지하지 않고 행하려면 먼저 하나님을 온전히 의지해야 한다. 동료 그리스도인들에게서 도움을 받으면서도 동시에 그들에게서 아름답게 독립하는 멋진 균형을 유지하려면, 많은 기도와 조용한 묵상이 있어야 한다. 그렇다고 너무 어렵게 생각해서는 안 되는데, 이는 그런 균형 유지가 은혜의 능력의 범위 밖에 있지는 않기 때문이다. 우리처럼 연약한 그리스도인들에게까지 은혜의 능력은 작용한다.

chapter 6

우리는 선을 행하라고 부름 받았다

그리스도의 모범과 성경의 교훈에 비추어볼 때, 그리스도인들이 선을 행하기 위해 여기 이 땅에 있다는 것은 분명한 사실이다.

성경의 한 구절은 그리스도에 대해 이렇게 기록했다.

그가 두루 다니시며 선한 일을 행하시고 마귀에게 눌린 모든 사람을 고치셨으니 이는 하나님이 함께하셨음이라 행 10:38

그분은 치유 사역과 진리를 가르치는 사역을 하셨을 뿐만 아니라 또 다른 일도 하셨는데, 그 일에 대해 성령께서는 '선한 일을 행하신 것'이라고 간단히 표현하셨다.

주께서 그러하심과 같이 우리도 이 세상에서 그러하니라 요일 4:17

그리스도의 이름을 따라 자신을 그리스도인이라고 부르는 우리는 그분의 선한 행위를 본받아야 할 의무가 있다. 그런데 대개의 경우, 지금 교회는 우리의 의무가 기적을 행하는 것이라고 가르친다.

선을 행하라고 가르치는 성경구절을 거창하고 극적인 것에 적용하는 것이 더 쉬울까, 아니면 헐벗은 자들을 입히고 굶주린 자들을 먹이는 것 같은 소박하고 겸손한 긍휼 사역에 적용하는 것이 더 쉬울까? 전자가 훨씬 더 쉽다!

복음주의 진영에서 신앙생활 하는 우리 같은 사람들에게 "기적을 베풀어달라고 밤새도록 하나님께 기도하십시오"라고 설득하는 것이 더 쉬울까, 아니면 "작업복을 입고 나가서 이웃을 도우십시오"라고 설득하는 것이 더 쉬울까? 전자가 훨씬 더 쉽다!

그리스도인의 사명

물론, 긍휼사역보다 우선권을 갖는 활동들이 있는 것은 분명하다. 그런 사명 중 하나는 예수 그리스도를 통해 나타난 하나님의 은혜와 능력을 증언하는 것이다. 이것은 "오직 성령이 너희에게 임하시면 너희가 권능을 받고 예루살렘과 온 유대와 사마리아와 땅 끝까지 이르러 내 증인이 되리라"(행 1:8)라고 하신 그리스도의 말씀에서도 분명히 드러난다.

그리스도인의 두 번째 사명은 거룩하지 못한 세상에 거룩한 모범을 보이는 것이다.

> 너희는 세상의 빛이라 … 이같이 너희 빛이 사람 앞에 비치게 하여 그들로 너희 착한 행실을 보고 하늘에 계신 너희 아버지께 영광을 돌리게 하라 마 5:14,16

이런 맥락에서 바울은 그의 친구 디모데에게 다음과 같이 권면했다.

> 누구든지 네 연소함을 업신여기지 못 하게 하고 오직 말과 행실과 사랑과 믿음과 정절에 있어서 믿는 자에게 본이 되어 딤전 4:12

동료 신자들과 세상을 향한 그리스도인의 세 번째 사명

은 다른 이의 표현을 빌려 말하자면, "최대한 모든 이들에게, 최대한 모든 방법을 통해, 최대한 오랫동안, 최대한 모든 선을 행하는 것"이다.

성경은 이상적인 여자의 아름다운 모습을 우리에게 제시하는데, 이상적인 여자의 특징 중 하나는 선을 행하는 것이다. 잠언 31장에 나오는 덕스러운 여자에 대한 르무엘의 묘사는 도덕적으로 깨끗할 뿐만 아니라 열심히 일하는 근면한 여자를 우리에게 보여준다. 그런 여자는 주부로서할 일을 다할 뿐만 아니라 다른 사람들을 위해 많은 선을 행한다.

그는 곤고한 자에게 손을 펴며 궁핍한 자를 위하여 손을 내밀며

잠 31:20

바울은 초대교회 여자들에게 이렇게 교훈했다.

여자들도 단정하게 옷을 입으며 소박함과 정절로써 자기를 단장하고 땋은 머리와 금이나 진주나 값진 옷으로 하지 말고 오직 선행으로 하기를 원하노라 딤전 2:9,10

또한 늙은 여자가 과부의 명부에 올라가려면 그리스도를 믿는다는 신앙고백이 그녀에게 먼저 있어야 했고, 그녀가 "선한 행실의 증거가 있어 혹은 자녀를 양육하며 혹은 나그네를 대접하며 혹은 성도들의 발을 씻으며 혹은 환난 당한 자들을 구제하며 혹은 모든 선한 일을 행한 자"(딤전 5:10)여야 했다(여기서 과부의 명부에 올라간다는 것은 최초의 기독교 양로원에 들어간다는 것을 의미하는 것으로 보아야 한다 - 역자 주).

바울이 여기서 여자를 위해 제시한 기준은 남자들에게도 그대로 적용된다. 분명히 남자를 위한 교훈이라고 할 수 있는 구절에서 바울은 "네가 이 세대에서 부한 자들을 명하여 마음을 높이지 말고 정함이 없는 재물에 소망을 두지 말고 오직 우리에게 모든 것을 후히 주사 누리게 하시는 하나님께 두며 선을 행하고 선한 사업을 많이 하고 나누어 주기를 좋아하며 너그러운 자가 되게 하라"(딤전 6:17,18)라고 권면한다.

도움받을 자격을 따지지 말라

어떤 그리스도인들은 교회의 울타리 밖에 있는 사람들에게 동정심을 거의, 또는 전혀 느끼지 않는다. 그들에게

"아주 힘들게 사는 사람에게 도움을 주어야 하지 않겠습니까?"라고 말하면, 그들은 즉각 "그가 그리스도인입니까?" 또는 "그가 우리의 도움을 받을 자격이 있는 사람입니까?"라고 묻는다.

그들의 이런 태도는 몇 가지 이유로 인해 잘못된 것이다. 그리고 이런 태도는 그리스도의 거룩한 이름으로 자신을 부르는 자로서의 품위를 스스로 완전히 떨어뜨리는 것이다. 만일 우리가 자격 있는 사람들만을 도와야 한다면, 도움받을 자격이 있는 사람이 누가 있겠는가?

그리스도인이 "내 도움을 받을 자격이 있는 가난한 사람이 나타나면 언제라도 돕겠다"라고 스스로에게 말하면서, 전혀 양심의 가책 없이 자기의 재물을 은밀한 곳에 묻어두는 일이 실제로 발생할 수 있다. 물론 좀과 동록(銅綠)은 그 재물을 가질 자격이 있기에 결국에는 그 재물을 취할 것이다.

> 너희를 위하여 보물을 땅에 쌓아 두지 말라 거기는 좀과 동록이 해하며 도둑이 구멍을 뚫고 도둑질하느니라 마 6:19

그런데 그때까지 어떤 일이 벌어질까? 재물을 깊숙이 묻어둔 행복한 그리스도인은 찬송을 부르며 전도지를 나누어줄 것이고, 그러는 동안 가난한 사람들은 빵을 구걸하나 얻지 못하고 어린아이들은 밤에 누구의 위로도 받지 못한 채 울다 지쳐 잠이 들 것이다.

그리스도인의 책임의 범위

갈라디아서 6장에서 바울은 우리 그리스도인들의 책임의 범위에 대해 최종적으로 정리를 해준다.

> 그러므로 우리는 기회 있는 대로 모든 이에게 착한 일을 하되 더욱 믿음의 가정들에게 할지니라 갈 6:10

이 교훈은 널리 알려진 '선한 사마리아인의 이야기'에서 발견되는 진리와 조화를 이룬다. 그 이야기의 교훈에 따르면 우리의 '이웃'은, 그가 우리의 친척이든 동족이든 상관없이 우리를 필요로 하는 모든 사람임을 알 수 있다.

우리가 그리스도의 이름으로 선을 행해야 한다는 것은 누구도 부인할 수 없다. 그런데 유감스럽게도, 우리의 원

손이 하는 것을 오른손이 모르게 선을 행하는 법을 아직도

배우지 못한 사람들이 많다(마 6:3 참조).

chapter 7

선을 베푸는
기술

성경을 공부할 때 우리가 분명히 알아야 할 것이 두 가지 있다.

하나는 성경에 계시된 진리들 사이에는 모순이 없다는 것이고, 다른 하나는 때때로 모순이 존재하는 것처럼 보인다는 것이다.

성경에 모순이 있다고 말하는 것은 성경의 무오성(無誤性)을 부정하는 것이다. 또한 성경에 때때로 모순이 존재하는 것처럼 보인다는 것을 부정하는 것은 비현실적인 주장이고, 우리 자신을 우리 적들의 공격에 무방비로 노출시키는 것이다.

선행에 대한 모순처럼 보이는 가르침

예를 들면, 선행에 대한 우리 주님의 교훈에서 우리는 겉으로 보기에 모순처럼 보이는 것들을 쉽게 찾을 수 있다.

마태복음 5장 16절에서 주님은 "이같이 너희 빛이 사람 앞에 비치게 하여 그들로 너희 착한 행실을 보고 하늘에 계신 너희 아버지께 영광을 돌리게 하라"라고 분명히 말씀하신다.

여기서 우리는 "그들로… 보고…"라는 표현에 '그분의 사람들의 의로운 삶을 의롭지 못한 세상에게 보여주는 것이 그분의 뜻이다'라는 의미가 담겨 있다고 해석할 수밖에 없다. 그리고 "하늘에 계신 너희 아버지께 영광을 돌리게 하라"라는 말은 그분이 우리의 의로운 삶을 세상에 보여주기 원하시는 이유를 설명해준다. 우리의 의로운 삶을 세상에게 보여주는 것은 경건의 모범을 보여주는 것이다. 경건의 모범은 다른 방법으로는 영향을 받을 수 없는 세상 사람들에게 강한 도덕적 영향을 끼치게 된다.

일단 여기까지는 이해하기에 어려운 것이 없다. 문제는 다음과 같은 주님의 말씀 때문에 '외견상의 모순'이 우리 눈에 보인다는 것이다.

사람에게 보이려고 그들 앞에서 너희 의를 행하지 않도록 주의하라 그리하지 아니하면 하늘에 계신 너희 아버지께 상을 받지 못하느니라 … 너는 구제할 때에 오른손이 하는 것을 왼손이 모르게 하여 마 6:1,3

이 말씀에서 우리 주님은 바로 전에 주신 그분의 교훈을 스스로 뒤집으시는 것인가? 그렇지 않다! 우리 눈에 그렇게 보일 뿐이다! 그렇다면, 그분이 한 곳에서는 "하라!"라고 말씀하시고 다른 곳에서는 "하지 말라!"라고 말씀하시는 것 같다는 인상을 받게 되는 것은 어떻게 설명되어야 하는가? 우리가 명심해야 할 것은 진리의 성육신이신 그분이 모순된 말씀을 하신다는 것은 있을 수 없다는 것이다. 나는 이 두 구절을 조화시켜 그분 교훈의 유기적 통일성을 유지해 줄 수 있는 설명이 가능하다고 믿는다.

선을 행하되 과시하지 말라

한 곳에서 우리 주님은 도덕적 행위에 대해 말씀하시면서, 사실상 주님은 "너희가 세상에 나가서 깨끗하고 선한 삶을 살면 사람들이 그것을 보지 않을 수 없다. 그것을 본 자들은 그런 도덕적 능력을 사람에게 주신 하나님께 영광을 돌리게 될 것이다"라고 말씀하신 것이다. 그리고 다른 곳에서 그분은 다음과 같이 말씀하신 것이다.

"너희의 선한 행위를 과시하지 말라. 이웃을 돕고 가난한 자들에게 베풀 때는 올바른 동기에서 하도록 조심하라. 하나님께 영광을 돌리겠다는 마음으로 하고, 후히 베푸는 박애주의자라는 값싼 평판을 듣겠다는 동기에서 하지 말라. 통 크게 베푸는 자라는 명성을 추구해선 안 되는데, 왜냐하면 거기에는 올무가 있기 때문이다. 온 힘을 다해 그 올무를 피하라."

앞에 인용한 성경구절들 그리고 그 밖의 무수한 성경구절들에 담긴 진리를 요약하면 다음과 같은 경고의 말씀이 된다.

"깨끗하고 의로운 삶을 살면서 그 삶을 세상에 숨기지 말라. 모든 이들에게 최대한 선을 행하라. 다만 너희의 도움을 받는 사람이 당혹감을 느끼지 않도록, 또 너희에게 관심이 집중되지 않도록 표 안 나게 선을 행하라."

우리가 선을 행하기 위해 이 땅에 있는 것은 틀림없는 사실이지만, 과시하기 위해 선을 행하면 그 의미는 완전히 훼손된다. 자비의 행위는 쉽게 그 의미가 퇴색할 수 있는 것이기 때문에 조심해야 한다. 그렇지 않으면 자비롭지 못한 것이 되며, 도움을 받는 사람에게 상처를 주게 된다.

우리가 범하기 쉬운 실수 중 하나는 거액의 돈을 희사하면서 그 돈의 사용 방법에 대해 조건을 다는 것이다. 이것은 일종의 독재적 발상으로, 선한 행위의 가치를 완전히 훼손하는 것이다.

외향적 성격의 부자가 그의 손님과 저녁 식사를 한 후 자만의 태도로 계산서를 집어 드는 것을 보고 그의 손님은 일종의 부채의식을 느낄 수도 있는데, 부자의 그런 모습은 우스꽝스럽거나 역겹다. 거의 모든 사람은 과거에 언젠가 한 번쯤 손님의 입장에서 그런 경우를 경험했을 것이다.

반면 나는 그런 부자와 완전히 다른 사람들도 보았다. 그들은 습관적으로 선을 행하는데, 그 모습을 볼 때 나는 "저들은 남에게 도움을 주면서도 오히려 자기들이 도움을 받고 있다는 인상을 풍긴다"라고 말하게 된다. 그들의 태도는 아름답고 격조 높은 기술이지만, 그런 기술은 쉽게 얻어지지 않는다.

자기의 선행이 주님께 받아들여지기를 바라는 그리스도인은 그의 선행을 소문내지 않으려고 조심할 것이다. 그는 틀림없이 그의 선행을 자랑하지 않을 것이다.

우리가 생각해보아야 할 것이 또 있는데, 그것은 우리가 흔히 볼 수 있는 것이다. 어떤 이들은 자기 자랑을 늘어놓기 전에 "내가 이 말을 하는 것은 하나님의 영광을 위해서입니다"라고 말한다. 그러나 그럴듯한 전제를 붙인다고 해서 그 뒤에 따라오는 말의 도덕적 성격이 바뀌는 것은 아니다. 자기 자랑을 어떤 식으로 포장하든 간에 자랑은 자랑이다.

내가 본 또 하나의 현상은 일부 부자 평신도들이 교회의 일들에 계속 영향력을 행사하기 위해 그들이 통 크게 헌금한 기부금을 일종의 은근한 압력 수단으로 사용한다는 것이다. 또한 우리 모두가 잘 알겠지만, 어떤 교회 목사들은 일부 부자 교인들의 영향력 아래에 너무 깊이 들어가서 독립성을 완전히 잃어버리기도 한다. 그런 목사들은 부자 교인들에게 고용되어 봉급을 받는 '그들의 사람'이기 때문에 그들을 의식하느라 진리를 온전히 말하지 못한다.

자연스럽게 선을 행하는 기술

사람들을 도울 때 그들에게 마음의 짐을 안겨주지 않고,

그들이 굴욕감을 느끼게 하지 않으며, 피차 상하관계로 맺어지지 않고 도울 수 있는 것은 영적 미덕이다. 그런 미덕은 선을 행할 때 폼 잡으면서 하지 않고, 즉 십 대 아이들의 표현을 빌려 말하자면 영화 촬영하듯 하지 않고 아주 자연스럽게 선을 행할 수 있는 기술이다.

세상에는 "친구를 잃고 싶다면 그에게 도움을 베풀라"라는 속담이 있다. 틀림없이 이 속담은 사람들끼리 도움을 주고받을 때 일어났던 수많은 쓰라린 경험들에서 우러나온 것이다. 그런데 주고받음에 있어서 어느 한쪽에만 잘못이 있다고 말할 수 있을까? 우리가 우리의 친구에게 도움을 줄 때, 그를 깔보는 듯한 태도로 도왔기 때문에 그의 자존심에 상처를 주고 그의 아픈 곳을 찌른 것은 아닌가?

비굴함 없이 도움을 받고 오만함 없이 선을 행하는 기술을 다른 누구보다 더 잘 배워야 할 사람들은 바로 우리 그리스도인들이다! 우리 주님이 그런 기술의 대가이셨으므로 우리는 그분께 배울 수 있다.

chapter 8

다윗의 끝나지 않는
열정

강하고 위대한 사람 다윗은 베들레헴 사람 이새의 아들
이었다.

그에게는 형제가 열 명이나 있었지만, 그 열 명에 대한
언급은 거의 없다. 형제 중에서 오직 다윗만이 영감(靈感)의
펜을 사로잡았고, 성령의 감동에 의해 성경을 기록하는 영
광을 누렸다.

다윗이 역사 속에서 여전히 살아 있는 이유

그가 죽기를 거부한다는 사실에서 우리는 그가 얼마나
중요한 인물이었는지를 보게 된다. 물론 그가 약 3천 년 전
에 이 땅을 떠난 것은 사실이다. 그가 떠난 후 지구가 태

양의 주위를 3천 번 돌았고, 기러기들이 큰소리를 내며 남쪽으로 내려갔다가 이듬해 봄에 다시 북쪽으로 돌아오는 일이 3천 번 반복됐다. 그동안 제국들이 일어났다가 사라졌으며, 왕좌가 무너지고, 왕들은 역사의 무대에서 그들의 짧은 전성기를 누린 후 땅속에 누웠으며, 세상 사람들은 그들을 완전히 또는 거의 완전히 잊어버렸다. 그 장구한 세월 동안 유명하다는 사람들이 무수히 태어났다 사라졌지만, 그들이 남긴 흔적은 공기를 가르고 지나간 화살의 흔적 정도에 불과하다.

그러나 다윗은 죽기를 거부한다. 그는 하나님의 뜻에 따라 그의 시대를 위해 일하다 잠들었지만, 깨어서 일하는 천 명의 학덕 높은 성직자와 감독들보다 더 많은 선한 영향력을 사람들에게 끼치고 있다.

다윗은 망각의 늪에 빠지거나 고대인들과 함께 먼지와 곰팡이 가운데 조용히 누워있기를 거부한다. 다윗은 소박한 목동이었지만, 지금은 일어나 유식한 사람들을 가르친다. 그의 나라에서 민족 중심적 삶을 살았지만, 지금 다윗의 목소리는 세계의 거의 모든 나라에서 들리고 있고, 5백 개의 언어가 그의 순수한 노래들을 부르고 있다. 주일에 세계의 모든 교회에서 예배가 진행될 때, 십중팔구 다윗이 눈에 보이지 않는 지휘자로서 성가대를 지휘할 것이다. 목사가 일어나 설교를 하게 된다면, 십중팔구 설교 중에 영감으로 기록된 다윗의 시편을 인용하거나 다윗에 대해 언급하게 될 것이다.

그렇다면 무엇 때문에 다윗은 지금도 계속 일하고 있는가? 이 문제에 대해 내가 아는 것이 별로 없다는 것을 인정하지 않을 수 없지만, 그래도 신약시대의 그리스도인이 구약의 왕에 대해 논하는 것이 허용된다면, 나는 감히 몇 마디 하고 싶다.

하나님께 온전히 몰두한 사람

다윗이 인류에게 중요한 의미를 갖는 위대한 인물이 된 이유는 하나님께 온전히 몰두했기 때문이라고 생각된다. 그는 레위 전통에 둘러싸여 살던 유대인이었지만, 종교의 형식에 매몰되지는 않았다. 언젠가 그는 이렇게 말했다.

내가 여호와를 항상 내 앞에 모심이여 시 16:8

그리고 또 이렇게 말했다.

내 영혼이 하나님 곧 살아 계시는 하나님을 갈망하나니 내가 어느 때에 나아가서 하나님의 얼굴을 뵈올까 시 42:2

그런데 이는 정확히 말해서, 말한 것이 아니라 외쳤다고 할 수 있다. 왜냐하면 다윗의 말은 내면에서 솟아오르는 부르짖음이었기 때문이다.

다윗은 하나님을 예민하게 의식했다. 그에게 있어서, 진정으로 알아야 할 가치가 있는 존재는 하나님뿐이셨다. 다른 이들이 자연을 볼 때 다윗은 하나님을 보았다. 그는 실로 자연시인(nature poet)이었지만, 자연보다 하나님을 먼저 보았다. 하나님을 사랑했기 때문에 자연을 사랑했다. 워즈워스(William Wordsworth, 1770~1850. 영국의 자연파 계관시인)는 그 순서를 반대로 뒤집었다. 워즈워스도 위대한 사람이지만, 다윗이라는 사람의 신발 끈을 풀 자격도 되지 못한다.

하나님께 사로잡힌 사람

다윗은 또한 하나님께 사로잡힌 사람이었다. 그는 하나

님의 발 앞에 엎드려 "저를 꺾어주소서"라고 기도했고, 여호와께서는 그를 취하여 토기장이가 진흙을 빚듯이 다윗을 빚으셨다.

다윗은 하나님께 사로잡힌 사람이었기 때문에 그분께 배울 수 있었다. 그가 교육의 혜택을 얼마나 많이 받았는지를 정확히 아는 것은 거의 불가능하지만, 오늘날과 같은 공식 교육을 많이 받지는 않았다고 말해도 무방할 것이다. 그럼에도 불구하고 다윗은 수백만의 사람을 가르쳐왔고, 여러 세기가 흐른 지금도 계속 가르치고 있으며, 들을 귀 있는 모든 자에게 천상의 시(詩)와 오묘한 신학과 완벽한 예배의 기술을 가르치고 있다.

다윗은 교실에 있어야 했던 시간에 양 떼를 지켰을지도 모른다. 그것에 대해서는 우리가 오로지 추측만 할 수 있을 따름이다. 그러나 추측이 필요 없는 분명한 사실이 있는데, 그것은 그가 평생 '배우는 사람'으로서 살았다는 것이다. 목동으로서 양을 돌볼 때나 왕으로서 국가경영의 짐을 지고 있을 때나 다윗은 모든 배움 중에서 가장 순수하고 고상한 배움, 즉 하나님에 대한 배움을 게을리하지 않았다.

다윗은 하나님을 친밀히 알았다

지극히 높으신 하나님을 배우기를 갈망했던 다윗은 이내 하나님을 직접적으로 알게 되었는데, 그런 직접적 앎은 현재 우리의 철학이 꿈도 꾸지 못할 정도로 강력한 힘을 발휘했다.

그는 성령의 내적 조명에 의해 여호와 하나님을 알았다. 마치 새가 자신이 알을 까고 나왔던 덤불을 알고 토끼가 자신이 태어난 들장미 숲을 알듯이, 다윗은 편안하고 친근하게 하나님을 알았다.

하지만 그 친근함은 경건한 두려움과 경외심을 통해 거룩하고 깨끗하게 된 친근함이었다.

무엇 때문에 다윗은 역사의 무대에서 사라지지 않았는가? 무엇 때문에 여름날 아침에 어린아이가 활짝 웃으며 이리 뛰고 저리 뛰며 소리 지르는가? 사랑에 빠진 남자가 연인의 집 문 앞에 서도록 만드는 것은 무엇인가?

다윗은 하나님께 취한 사람이었다. 다윗은 온 마음을 집중해서 그분을 바라보다가 큰 기쁨으로 충만했고, 그 기쁨을 표현하지 않을 수 없었다. 아직 젊은 나이일 때에 그는 법궤 앞에서 큰 기쁨에 빠져 춤을 추었다. 그것을 보고 냉

담한 마음의 소유자 미갈은 분개했지만, 하나님은 기뻐하
셨다.

그리스도의 사랑이 다윗을 여전히 살게 한다

나는 여러 해 동안 다윗의 시편을 좋아했지만, 내가 왜
그러는지를 나 자신도 몰랐다. 자꾸자꾸 시편을 읽게 되었
는데, 아마 성경의 다른 어떤 부분보다 시편을 더 많이 읽
었을 것이다. 그러면서도 다른 부분들보다 시편에 더 애착
을 갖는 나 자신을 꾸짖기도 했는데, 이는 내가 신약시대
의 신자이지만 시편은 구약에 속하기 때문이다.

그러던 어느 날 호라티우스 보나(Horatius Bonar, 1808~1889,
스코틀랜드의 성직자 및 시인)의 작은 책에 나오는 한 문장이 내
눈길을 사로잡았다. "예수님의 영이 시편에 거하신다"라는
단순한 문장이었다! 나는 내가 왜 시편에 그토록 애착을
갖는지를 깨닫게 되어 만족스러웠다.

성령 안에서 다윗은 육신으로는 장차 그의 후손으로 나
실 분을 알았고 또 그분과 교제했다. 그분, 즉 예수님에 대
해 성경은 이렇게 말한다.

그의 아들에 관하여 말하면 육신으로는 다윗의 혈통에서 나셨고 성결의 영으로는 죽은 자들 가운데서 부활하사 능력으로 하나님의 아들로 선포되셨으니 곧 우리 주 예수 그리스도시니라 롬 1:3,4

다윗이 죽지 않게 한 것은 바로 그리스도의 사랑이었다!
"오, 예수님의 사랑! 거룩한 사랑!"

chapter 9

영원한
형벌의 교리

나는 영원한 형벌의 교리를 믿는다. 이 세상에서 숨을 거둘 때까지 회개하지 않는 사람들은 영원히 하나님의 존전에서 추방될 것이라는 교리는 인간의 타락이나 죽은 자들의 부활만큼이나 성경의 분명한 진리다.

분명한 진리

성경은 유기적 통일체, 즉 처음부터 끝까지 하나이기 때문에 우리는 성경 전체를 받아들이든지 아니면 성경 전체를 거부하든지 해야 한다. 성경에서 내가 믿기 원하는 부분들을 선택하고 내게 당혹감이나 불쾌감을 주는 부분들을 거부하는 짓을 나는 하지 않는다. 만일 그렇게 한다면 그것은 오류를 범할 수 있는 나의 이성을 판단기준으로 삼아 오류 없는 계시를 판단하는 것이며, 그 자체가 틀림없이 불합리한 짓이다.

성경이 내 앞에 서서 판단을 받는 것이 아니라, 내가 성경 앞에 서서 판단 받아야 한다는 것이 진리다. 또 내가 성경을 받아들이고 성경의 빛에 의해 나 자신을 변화시켜 성경의 인정을 받아야 한다는 것도 진리다.

그런데 책임감을 느끼며 진지하게 사고해야 하는 사람으로서 나는 "성경이 어떤 특정 주제에 대해 무엇이라고 가르치는지를 정확히 아는 것이 때로는 쉽지 않다"라고 고백하지 않을 수 없다. 만일 성경의 정확한 교훈을 알게 된다면, 그것을 받아들이고 믿어야 한다. 그것을 알 때까지는 우리의 무지를 인정하는 것이 정직하고 성실한 자세다. 우리의 무지를 인정한다면, 빛을 얻어 모든 의심을 날려버릴 수 있을 때까지 경건한 마음으로 기도하며 성경을 연구해야 한다.

영원한 형벌의 교리는 사도시대 이후 지금까지 압도적 다수의 그리스도인이 믿고 가르쳐 온 교리다. 교부 중 거의 모든 사람, 그리고 기독교 역사 속에 나타났던 학자와 성도 중 거의 모든 사람은 영원한 심판의 교리를 믿었다. 그 교리는 "끝까지 회개하지 않는 자들은 다시는 빠져나올 수 없는 지옥에 던져질 것이다. 회개하여 하나님의 자비를 얻고 그리스도의 속죄의 은혜를 얻을 수 있는 기회가 그들에게 더 이상 주어지지 않을 것이다"라고 말한다. 오늘날 성경을 믿는 압도적 다수의 그리스도인들처럼 과거의 신자들도 "회개하지 않고 죽은 사람들이 육체적 죽음 후에 소멸하여 없어지는 것은 아니다. 그들은 이 땅에서의 행위에 대해 정확히 해명해야 하며, 그들에게 떨어지는 멸망의 선고를 받아야 한다"라고 믿었다.

지옥을 믿지 않으려면 성경도 거부해야 한다

이런 믿음에 대해 반론을 제기하는 글들을 읽어본 나는 그 글들이 어느 정도 설득력이 있다는 것을 인정한다. 나의 인간적 마음은 아무리 희미한 빛이라도 희망의 빛이 지옥에 떨어진 사람들에게 남아 있으면 좋겠다고 생각한다. 그러나 성경이 그런 희망의 가능성을 인정하지 않는다는 것이 너무나 명백하다.

저명한 캔터베리의 주임사제 프레더릭 W. 파라(Frederic

W. Farrar. 1831~1903)는 그가 만인을 위한 '영원한 희망'이라고 부른 것을 옹호하기 위해 대단한 도덕적 열정과 압도적 달변으로 말하였다. 마치 피고 측 변호사처럼 그는 그의 희망을 지지해줄 만한 글을 라틴 교부들의 글에서 인용했다. 그러나 전통적 교리를 지지해주는 증거가 너무 많기 때문에 우리는 "성경은 영원한 형벌의 교리를 가르치는데, 합리적이고 진지한 사람은 모두 그 교리를 받아들일 것이다. 그 교리를 거부하는 사람은 그 교리와 함께 성경도 거부해야 할 것이다"라고 결론 내리지 않을 수 없다. 지옥을 믿지 않으려는 사람은 천국을 믿을 권리를 포기해야 할 것이다.

기독교의 증언 전체를 균형 있게 유지하려면, 회개하지 않는 자들의 미래에 대한 성경의 교훈을 가르쳐야 한다. 그런데 우리가 조심하며 거부해야 할 것이 있는데, 그것은 우리와 믿음이 다른 자들에게 보복하겠다는 무의식적 의도에서 지옥의 교리를 즐겨 받아들이는 것이다.

독실한 가톨릭 신자로 하여금 고분고분하게 말을 잘 듣도록 만들기 위해 파문(破門)이나 연옥에 대한 공포심이 이용될 수 있다.

그와 마찬가지로 독재적인 목회자가 교인들의 굴종을

이끌어내기 위해, 또는 저녁집회에서 설교하는 복음전도자가 그날 저녁의 회심자 숫자를 채우기 위해 지옥에 대한 공포를 이용할 수 있다.

동정심의 탈을 쓴 불신앙

사랑의 마음이 있는 사람이 성경에서 지옥의 개념을 처음 접하면, "지옥이 없으면 좋겠다"라는 반응을 보이게 될 정도로 지옥의 개념은 무섭다. 그러나 인간의 동정심은 아름다우면서도 위험한 감정이다.

동정심이 도덕적 판단의 날카로운 비판에 굴복하지 않으면, 피살자와 그의 남겨진 처자에게 향하지 않고 오히려 살인자에게 향하게 될 수도 있는데, 사실 그런 경우가 종종 있다. 비현실적 감정에 푹 빠져 있는 여자들이 거룩하지 못한 동정심에 이끌려 사형집행을 기다리고 있는 그 범죄자에게 꽃을 보내는 동안, 그 범죄자가 강간하고 신체를 훼손했을 수도 있는 죄 없는 어린아이에게는 스쳐 가는 동정심조차 주어지지 않는 어처구니없는 일이 일어날 수 있는 것이다.

그와 마찬가지로, 지식 없는 불합리한 동정심은 거룩한

이름을 가진 '지극히 높으신 분'의 편에 서지 않고, 오히려 타락한 반역적인 인류의 편에 서는 경향을 보인다. 그분, 즉 하나님이 생명과 지성을 주셨다는 사실은 완전히 무시당한다. 그리고 인간이 하나님의 법을 무시하고 그분의 독생자를 죽이며 그분의 십자가 사랑을 조롱함에도 그분은 계속 참아 오신다는 사실조차 완전히 무시당한다. 사람들이 자유의지의 선물을 악용하여 하나님을 거부하고 악을 선택하며 두 눈을 크게 뜨고 고집스럽게 지옥 갈 짓이나 한다는 사실에 대해 어떤 이들은 관심도 기울이지 않는 것 같다. 그들은 통제할 수 없는 감정의 늪에 빠져 하나님의 원수들의 편에 선다. 이것은 동정심의 탈을 쓴 불신앙이다.

도덕적 형벌의 개념에 반대하는 외침에서 우리는 몇 가지 뿌리 깊은 오해들을 보게 된다. 그것들은 하나님의 거룩함, 인간의 본성, 죄의 심각성, 그리고 속량에서 표현된 하나님의 사랑이라는 경이로운 기적에 대한 오해다. 그러나 그것들을 불완전하게나마 이해하는 사람들은 영원히 하나님의 편에 서게 될 것이며, 그분이 어떻게 행하시든지 간에 제단과 더불어 "그러하다 주 하나님 곧 전능하신 이

시여 심판하시는 것이 참되시고 의로우시도다"(계 16:7)라고 외치게 될 것이다.

영원한 형벌의 문제와 관련하여 나올 수 있는 그 어떤 언급보다 더 지혜로운 것은 아마도 D. L. 무디의 말일 것이다. 그는 "지옥에 대해 설교할 때 눈물을 흘리지 않는 사람은 지옥에 대해 설교할 자격이 없다"라고 말했다.

THE WARFARE OF THE SPIRIT

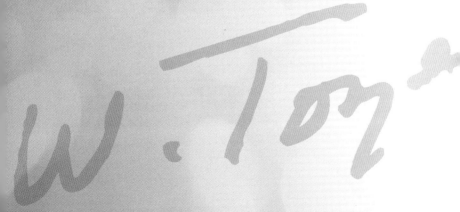

PART

02

달콤하고 위험한
세상의 독을
멀리하라

chapter 10

선교사와
선교 모험가

　낯설고 위험스러운 지역에 숨어 사는 적대적인 부족들에게 복음을 전하는 일은, 미지의 강을 찾아내는 탐험가나 작전을 수행하는 병사에게서 볼 수 있는 용기와 담대함을 종종 요구한다.

　모험가의 기질을 타고난 선교사들이 있다. 그들이 그리스도께 온전히 헌신하고 하나님의 영광을 간절히 원하는 것도 사실이지만, 동시에 그들은 세계 몇몇 지역에서 펼치는 선교활동이 주는 흥미진진함을 아주 좋아한다. 그들은 훌륭한 일들을 해왔기 때문에 그리스도의 참된 종으로, 또 십자가의 전달자로 대우받아야 마땅하다. 잃어버린 영혼에 대한 그들의 사랑은 거짓 없는 깊은 사랑이다. 여행과 위험을 즐기는 그들의 성격은 타고난 것이며, 그들의 사명을 이루기 위해 요구되는 자질의 큰 부분을 차지한다. 위험을 별로 즐기지 않는 형제들은 그들처럼 사역하겠다는 꿈을 절대 갖지 못할 것이다.

영웅들을 따뜻한 마음으로 받아줄 준비가 항상 되어 있는 기독교 대중은 그들을 여기저기로 따라다니는데, 그런 현상은 성원을 아끼지 않는 대중의 어린 마음을 잘 드러낸다. 대중은 숨을 죽인 채 그들의 현란한 말 한마디 한마디에 귀를 기울이고, 온갖 종류의 선물과 돈을 그들에게 아낌없이 내놓는다. 대중이 그들의 사역에 보인 많은 관심은 세계선교에 크게 기여해왔다. 보통의 일반적인 선교활동 같으면 별로 관심을 보이지 않았을 사람들이 그들의 선교활동에 기도와 후원을 아끼지 않았다.

모험적 선교사들의 동기가 순수하고 그들의 호소에 진정성이 있다는 것은 의심할 여지가 없다. 그들과 같은 사역자들이 많이 나오는 것은 좋은 일이다.

돈벌이 수단으로 변질된 모험적 선교

그런데 그들의 열정과 성공적인 노력이 그들의 순수한

의도와는 달리 어떤 부정적 결과를 낳은 것은 유감스러운 일이다. 그 부정적 결과라는 것은 그런 모험적 선교활동이 기독교계의 어느 구석에서라도 발견될 수 있는 이런저런 '짭짤한 돈벌이 수단들'만큼이나 괜찮은 돈벌이 수단으로 변질되는 현상도 나타났다는 것이다. 드라마처럼 흥미진진한 사건을 좋아하는 현대 그리스도인들의 심리를 이용해서 이익을 챙기려는 자들이 생겼다. 그들은 나팔 소리와 함께 갑자기 몰려왔다. 그들은 흥미진진한 이야기와 믿기 힘든 충격적 모험담을 아주 잘 구사하는데, 실제로 어떤 지역에서는 정말 정직한 그리스도인 무리의 상상력을 자극하여 그들의 후원을 이끌어냈다.

자신에 대한 검증된 좋은 평판도 없이, 한심할 정도로 학문적 기반도 없이, 연령과 경험과 지혜도 없이, 그리고 많은 경우에는 저명한 영적 지도자 밑에서 일하며 배운 경력도 없이 그들은 대단한 선교의 개척자로 자처한다. 그리고 전적으로 개인의 장점의 힘을 통해 감정적이고 무비판적인 대중에게서 재정적 후원을 이끌어내어 그들의 '보여주기식 선교활동'을 위한 자금으로 사용한다.

성공을 위해 그들은 재미있는 짧은 문구를 사용하는 광

고의 힘을 의지하고, 이익을 증대시키기 위해 현대 세일즈맨의 모든 기법을 사용한다. 그들이 보여주는 선교사역은 흥미롭고 즐거운 모험일 뿐이다. 그들에게서 갈보리의 고난이나 성령의 해산의 고통을 보는 것은 쉽지 않다. 그들의 말은 매끄럽고 설득력 있지만, 과거의 위대한 선교 지도자들의 정신이 그들에게서는 보이지 않는다.

직업적 선교 모험가의 특징

그들의 이런 직업적 선교 모험의 특징이 몇 가지 있는데, 그중 하나는 진득하게 한곳에 머물지 못한다는 것이다. 열심히 일하는 그리스도인들의 후원금으로 여행하는 그들은, 카메라를 들고 굉장히 낯선 곳에 갔다가 다시 돌아와 그들의 눈이 보고 그들의 카메라가 촬영한 것으로 기독교 대중을 놀라게 한다. 그들은 세계의 추수 밭의 한구석에 가서 영혼 구원의 거룩한 사역에 몰두하려고 하지 않는다. 과거의 역사 속에서 열매 맺은 모든 위대한 선교회와 교단들의 모범을 본받아 한곳에 머물면서 땀 흘려 일해야 한다는 생각은 그들의 머리에 떠오르지 않는다.

불행하게도, 일부 교회 지도자들은 자신들의 프로그램

에 선교적 색채를 가미하면 돈이 된다는 것을 간파했다. 그들은 기독교 대중이 선교 냄새를 풍기는 사역에 선뜻 후원금을 낸다는 것을 잘 알고 있다. 그러므로 우리는 "때로는 선교회들이 많은 사람을 모아 재정수입을 늘리는 데 일종의 미끼로 사용된다"라고 결론 내리지 않을 수 없다.

이런 식의 잘못된 관행을 지적하는 것은 매우 마음 아픈 일이지만, 그래도 담대하게 단도직입적으로 지적하지 않을 수 없다. 해외선교 같은 중요한 일이 무책임한 야망을 가진 사람들 때문에 해를 당하는 것을 보고도 눈과 입을 닫는 것은 그리스도를 닮는 것이 아니다.

선교후원금을 감독할 책무

내가 여기서 지적하는 문제는 몇몇 유형에 속하는 사람들에게만 해당한다. 아마 하나님의 영광을 구하는 선교회는 선교후원금이 어떻게 사용되는지를 즉시 조사할 것이다. 그렇게 되면 순진한 그리스도인들의 후원금을 쓰면서 이곳저곳을 돌아다니고 싶어 하는 즐거운 모험가는 상처받을 것이고, 나를 선교활동을 방해하는 사람으로 비난할 것이다.

그러나 나는 40년 동안 여러 선교회와 관계하면서 선교사들의 검소한 생활, 자기희생, 평생에 걸친 헌신, 외로운 개척, 힘든 외국어 공부, 당연시되는 궁핍과 위험과 순교를 듣고 보았다. 그런 내가 이 정도의 지적을 할 자격은 있지 않은가?

세계선교를 위해 헌금할 돈을 갖고 있는 그리스도인들은 그들의 책임을 정확히 알아야 하는데, 왜냐하면 틀림없이 장차 주님의 심판대 앞에 설 것이기 때문이다. 그들은 그들의 헌금이 어떻게 사용되는지에 대해 보고 받고 계산을 해야 한다. 또 죽기까지 자기의 생명을 돌보지 않는 겸손하고 독실한 남녀 사역자들을 돕도록 노력해야 한다. 그리스도의 메시지 전달자로 인정받으려고 애쓰는 즐거운 모험가의 이기적 활동을 후원하는 데에는 단돈 1센트도 사용되어서는 안 될 것이다.

내가 이 글에서 논한 문제는 가볍게 넘길 수 없는 매우 중요한 것이고, 심판은 너무 가까이 와 있다.

chapter 11

죄의 독을
먹어서는 안 된다

미국의 서부지역에서는 '로코풀'(locoweed)이라고 불리는
식물이 자란다. 이것은 양치식물처럼 보이며, '아스트라갈
루스 몰리시무스'(astragalus mollissimus)라는 아주 어려운 식물
학명을 갖고 있다.

로코풀은 소에게 해로운 독을 갖고 있다. 소가 먹으면
균형감각에 이상이 생기고, 근육 조절 능력이 파괴되며,
눈의 초점이 완전히 망가져서 지극히 작은 물체를 보고 큰
두려움을 느끼거나 큰 물체의 크기를 잘못 판단해 절벽면
(面)을 향해 곧바로 걸어가기도 한다.

내가 지금 한 말은 믿을 만한 지식에 근거한 말이다. 하
지만 당신도 충분히 짐작하듯이 로코풀이 내 관심 분야,

아니 적어도 내 책임 분야는 아니기 때문에 거두절미하고 내 요점을 말하겠다. 내가 로코풀에 대해 언급한 것은 내게 지극히 중요한 관심사인 다른 더 심각한 문제에 대해 언급하기 위함이다. 나는 죄의 문제에 대해, 그리고 죄가 사람들에게 미치는 영향에 대해 말하고 싶다.

도덕적으로 미쳐버린 인간

소가 로코풀을 먹은 후에 이리저리 비틀거리며 걸으면, 목장 관계자는 무언가 잘못되었다는 것을 알아차린다. 그 짐승은 평소와는 다른 움직임을 보이는데, 쉽게 말해서 미친 것이다.

하나님께서 인간을 그분의 형상대로 만드실 때 인간의 본성에 선한 도덕적 잠재 능력을 심어주셨다는 것은 우리가 잘 아는 사실이다. 자기를 희생할 줄 아는 자비로운 사람들이 최선을 다해 베푼 선행이 어떤 것인지를 우리는 잘 알고 있다. 우리는 아기의 귀엽고 천진난만한 얼굴을 보았고 엄마의 아름다운 이타적 사랑을 보았다. 그런 우리가 역사책을 읽거나 일간신문을 훑어보면 어마어마한 충격을 받지 않을 수 없다.

남편을 쏴 죽이고 연기 나는 권총을 손에 든 채 죽은 남편을 내려다보는 여자, 그 여자가 불과 몇 시간 전에 부드럽고 환한 표정으로 그녀의 아기에게 모유를 먹인 여자와 동일인이라는 것이 믿어지는가? 도시의 다른 구역에서 온 소년의 심장을 주머니칼로 찌른 소년, 그가 그 도시의 한쪽 구석에 있는 갱단에 합류하기 위해 집을 떠나기 전, 여동생과 재미있게 장난치며 놀고 악의 없이 어머니를 놀리며 30분을 보낸 젊은이와 같은 사람일 수 있는가? 자신이 저지른 반인륜적 범죄에 대해 대가를 치를 때를 기다리며 말없이 침통한 표정으로 사형수 감옥에 앉아 있는 젊은이, 그가 몇 달 전에 교통사고로 죽은 그의 사랑하는 작은 개를 슬퍼하며 침대에 엎드려 울던 그 젊은이인가?

보통 사람의 삶이 이런 사람들의 삶만큼 극적이고 거칠지는 않지만, 그래도 그들의 삶만큼 모순적인 것은 사실이다. 보통 사람도 날마다 생각이 바뀌어 변덕이 죽 끓듯 하다. 그는 친절하면서 잔인하고, 성적으로 순결하면서 성욕에 불타며, 정직하면서 속이고, 관대하면서 탐욕스럽다. 선해지기를 바라면서도 악을 선택하고, 하나님을 알기를 갈망하면서 또 그분께 등을 돌리며, 천국에 가기를 소망하면서 지옥으로 향한다. 그는 도덕적으로 미친 것이다.

죄, 끔찍한 독초

죄는 인간의 천성을 완전히 뒤집어엎는 독초다. 내면의 삶은 부수어져 파괴된다. 육체는 금지된 쾌락을 추구한다. 도덕적 판단이 뒤틀려서 종종 선을 악으로, 악을 선으로 착각한다. 영원보다 시간을, 천국보다 이 땅을, 생명보다 죽음을 선택한다.

이런 것을 볼 때, 우리는 선지자들과 사도들이 죄의 결과를 묘사할 때 왜 그토록 생생하고 현란한 표현들을 사용했는지를 상당 부분 이해하게 된다.

온 머리는 병들었고 온 마음은 피곤하였으며 발바닥에서 머리까지 성한 곳이 없이 상한 것과 터진 것과 새로 맞은 흔적뿐이거늘 사 1:5,6

이 구절은 이사야서에서 뽑은 한 가지 예시에 불과하다. 이 구절만큼 강한 표현을 담은 구절들을 다른 선지자들과 시편 기자들의 글에서 뽑으면 그 분량이 열 페이지는 넘을 것이다.

흔히 사람들이 "신약의 표현은 구약만큼 강렬하지 않다"라고 말하지만, 그런 말이 얼마나 잘못된 것인지를 알려면 그리스도께서 바리새인들을 비판하신 말씀을 읽어봐야 한다. 베드로와 요한과 유다는 죄를 향해 불타는 하나님의 진노를 가감 없이 보여주기 위해 액화(液火, liquid fire)에 그들의 펜을 담갔다. 또한 바울은 인간의 몸에 생긴 뱀같이 구불구불한 죄의 길을 추적하면서, 악에서 떠나지 못한 인간의 마음이 얼마나 망가져 있고 모순된 것인지를 증명했다.

인간은 자기 죄에 책임을 져야 한다

그런데 우리의 비유를 너무 확대해서 죄가 일종의 사고(事故)이고 질병이며 자기도 모르게 마신 독에 불과하다는 인상을 주는 것은 잘못이므로 경계해야 한다. 만일 죄가 질병에 불과하다면, 그것은 자신이 선택하고 구매하여 자발적으로 마신 술 때문에 생길 수 있는 알코올 중독 같은 것에 불과할 것이다. 소는 로코풀을 먹고 독성을 체내에 흡수한 것에 대해 책임이 없지만, 인간은 선악을 구별할 수 있는 능력과 지성을 부여받은 존재이기 때문에 그의 죄와 그 죄의 결과에 대한 책임을 면제받을 수 없다.

실로 인간은 자기 죄에 대한 책임을 져야 하는데, 우리는 그 책임을 두 가지 측면에서 생각해보아야 한다. 첫째로 그는 악을 거부하고 선을 선택해야 할 도덕적 의무가 있으며, 그렇게 하지 못한 것에 대해 장차 틀림없이 엄한 심판을 받게 될 것이다.

둘째로 하나님께서 그리스도 안에서 해결 방법을 마련해주셨으므로 인간에게는 자신을 낮추고 용서를 구해야 할 책임이 있다. 즉, 로마의 십자가에서 고통스럽게 돌아가신 예수 그리스도께서 만인을 위해 준비하신 샘물에서 깨끗이 씻어야 할 책임이 있다는 것이다.

예수님은 "사람이 하나님의 뜻을 행하려 하면"(요 7:17)이라고 말씀하셨는데, 그렇게 말씀하심으로써 인간의 모든 핑계를 사전에 차단하셨다. 이 말씀 때문에 인간은 그의 과거에 대한 책임뿐만 아니라 그의 미래에 대한 책임에서도 자유롭지 못하게 되었다. 죄가 우리에게 어떤 문제를 일으켰든 간에 우리는 여전히 우리의 선택의 능력을 사용하여 영생을 선택할 수 있으며, 옳은 선택이든 잘못된 선택이든 간에 그것에 대한 책임을 져야 한다.

chapter 12

온전한 사랑은
두려움을 내어 쫓는다

(이 글은 1957년 12월 11일에 쓰였다.)

제2차 세계대전 중에 독일의 나치는 새 무기를 도입했는데, 그것은 그전에 사용된 적이 없었거나 아니면 적어도 그 정도까지는 사용되지 않았던 무기였다. 그것은 공포심을 이용한 무기였다.

폭격기나 폭탄에 괴상한 사이렌을 장착한 것인데, 그 사이렌은 땅을 향해 하강할 때 아주 이상하면서도 무서운 굉음을 냈다. 그 굉음을 들은 많은 사람들은 밖으로 뛰쳐나와 미친 듯이 우왕좌왕하며 어쩔 줄 몰라 했다. 그들은 서로 부딪히기도 했고, 설상가상으로 도심의 도로나 간선도로를 막고서 군부대나 구급차의 통행을 방해하기도 했다.

물론, 이 괴상한 사이렌이 달린 폭격기의 목적은 많은 사람이 공포에 질려 우왕좌왕하도록 만드는 것이었다. 훗날 중공군은 공포심을 이용한 이 무기를 한국에서 싸우는 유엔군에게 사용했지만, 훈련이 잘된 병사들에게는 별로 효과가 없었다. 그 병사들은 강했기 때문에 공포심에 사로잡히지 않았던 것이다.

공포심을 이용한 공격

냉전 시대에 소련은 옛날처럼 공포심을 이용한 공격을 계속하는데, 모호한 표현을 사용해서 경고하기도 하고 "우리를 방해하면 완전히 멸망할 것이다"라는 불길한 협박을 일삼기도 한다. 그들의 목적은 공포심리를 이용하여 자유진영 나라 국민의 기를 꺾어놓는 것이다. 그들의 협박 대부분이 '핼러윈 가면'(Halloween mask)만큼이나 위협적이지 않다는 것을 우리는 잘 알고 있는데, 그들도 우리가 그 사실을 알고 있다는 것을 안다. 하지만 그들은 우리가 진짜 협박과 말로만 하는 협박을 구별하지 못한다는 것도 알고 있기 때문에, 우리에게 공포심을 불어넣는 작전을 계속 구사하는 것이다.

미국에 사는 우리에게 두려움을 주었던 최근의 사건은, 러시아인들이 인공위성을 쏘아 올린 것이었다. 그들이 그 작은 장난감들을 하늘로 쏘아 올린 것이 우리를 두렵게 하기 위한 것이었는지, 아니면 정당한 과학연구를 위한 것이었는지를 확인하는 것은 불가능할지 모른다. 하지만 한 가지 틀림없는 사실은 그들이 일종의 사이렌 폭격기 작전을 최대한 구사하면서, 세계 최강대국의 일부 지도자들이 공포에 질려 이리 뛰고 저리 뛰는 꼴을 보며 즐거워한다는 것이다.

사자의 포효 같은 소리를 내는 흐루시초프(Khrushchyov, 1894~1971. 소련공산당의 제1서기 및 소련 정부의 총리를 지냈다)의 목소리가 찢어질 듯한 호랑이의 소리를 내는 히틀러의 목소리를 닮았다는 느낌이 드는 것은 단지 우연이 아닐 것이다(그런데, 히틀러는 지금 어디에 있을까?).

하나님의 사람들에게 주는 조언

미국 국무부에게 해주고 싶은 충고는 지금 내게 없지만, 하나님의 사람들에게 건네고 싶은 조언은 있다. 절대적으로 악한 나라는 없기 때문에 천국의 친구들과 천국의 원수들 사이에 분명한 국경선을 그을 수 없다는 것을 우리가 명심해야 한다는 점이다. 전 세계 자유진영의 나라들도 회개할 것이 많다. 또한 공산주의에 무릎 꿇지 않고 그것의 우상에 입 맞추지 않은 진정한 그리스도인들이 러시아에 많다는 것도 분명한 사실이다.

그러므로 우리가 마땅히 취해야 할 자세는 수소폭탄과 소련의 인공위성과 탄도미사일 같은 공포의 가면 앞에서 회개하고, 믿음에 굳게 서며, 겸손히 담대해지는 자세다. 우리는 한 나라로서 존속할 수 있는 도덕적 자격을 갖추어 '만군의 주'의 돌보심과 보호하심을 얻도록 힘써야 한다. 나는 우리나라가 여전히 하나님의 관심의 대상이라고 믿는다. 기도하는 성도들은 한때 눈물을 흘리며 사랑했던 땅을 이미 오래전에 떠났겠지만, 우리가 노래하는 숲과 성전이 있는 산 위에 그들의 기도의 따스한 숨결이 마치 눈에 안 보이는 안개처럼 서려 있다.

상황이 어떻게 전개되든 간에 우리 그리스도인들은 침착함을 잃지 말아야 한다.

하나님이 우리에게 주신 것은 두려워하는 마음이 아니요 오직 능력과 천국의 아들이 땅의 아들들 앞에서 공포에 질려 움츠리고 있는 모습을 보면 마음이 슬퍼진다. 우리는 진리의 성경으로 성령께 가르침을 받은 사람들이다. 그 가르침에 의하면, 두려움은 마음을 가두고 있는 일종의 감옥인데, 그 감옥에 갇힌 마음은 평생을 속박 속에서 살아가게 된다.

두려움은 영적 미성숙의 증거

정신적 또는 육체적 고통이 다가올 때 움츠리는 것은 자연스러운 현상이지만, 우리의 마음이 공포에 사로잡히도록 허락하는 것은 전혀 다른 것이다. 전자는 반사작용이지만, 후자는 죄의 결과이며 우리를 속박하려는 마귀의 역사다. 공포는 속량 받은 사람에게 이질적인 것이며, 또 이질적인 것이어야 한다.

참된 믿음은 의식적으로 그 믿음과 공포의 대상 사이에 하나님을 모심으로써 공포에서 벗어난다. 하나님 안에서 사는 영혼은 그분의 임재로 둘러싸여 있기 때문에, 원수가 그에게 가까이 오려면 먼저 그분을 이겨야 한다. 하지만 원수가 그분을 이길 수 없다는 것은 누가 봐도 분명하다.

"하나님께서 그분의 사람들을 지켜주신다. 그분을 믿는 영혼에게 해를 끼칠 수 있는 것은 이 땅이나 저 지옥에 없다"라고 말하는 성경구절을 뽑으라면 나는 수백 개도 뽑을 수 있다. 과거는 용서받았고, 현재는 그분의 보호 안에 있으며, 미래에 대한 수천 개의 밝은 약속이 마음에 평안을 준다.

그런데 그럼에도 불구하고 우리는 때때로 원수 때문에 공포를 느낀다. 그런 일은 흔히 일어나지만, 사실 그래서는 안 된다. 우리는 우리가 느끼는 두려움에 대해 변명하려고 하지 말고, 그것이 우리의 영적 미성숙의 증거라고 인정해야 한다.

영원한 언약의 피로 말미암아 우리는 여기 이 땅에서도 마치 천국에 있는 것처럼 안전하다. 육체적 죽음의 관문을 아직 통과하지는 않았지만, 그래도 생명의 영역 안으로 들어와 있는 우리는 그리스도인의 죽음이 형언할 수 없는 영광으로 들어가는 밝은 문이라는 것을 알기 때문에 평안히 죽을 수 있다.

무엇이든 우리에게 두려움을 줄 수 없는 상태에 은혜 가운데 도달하는 것은 얼마든지 가능하다. 우리는 우리의 어제와 오늘과 내일에 대해 하나님과 똑같이 생각하는 경지에 이를 수 있다.

하나님에 대한 진정한 두려움이 생기면 죽음과 심판에 대한 두려움이 사라진다. 하나님에 대한 두려움은 고통을 주는 것이 아니라, 영혼에게 쉽고 가벼운 멍에다. 이 멍에는 우리를 지치게 하지 않고 오히려 쉼을 준다.

chapter 13

크리스마스 개혁이
시급하다

우리가 살고 있는 이 시대에, 종교는 가장 많이 나타나지만 경건은 가장 적게 나타나는 시즌을 찾으라면, 그것은 바로 크리스마스 시즌이다.

찰스 디킨스(Charles Dickens, 1812~1870. 영국의 작가 및 사회비평가)가 《크리스마스 캐럴》을 쓴 이후, 감히 나서서 크리스마스에 대해 자신의 견해를 공개적으로 밝히는 사람은 좀처럼 없다. 그렇게 하면, 모든 이들을 미워한 불평 많은 불쾌한 늙은이와 자신을 동일시하는 것이 될까 봐 두렵기 때문이다. 그러다 보니 사람들은 마음속의 감정과 상관없이 적어도 얼굴에는 엷은 미소를 띠고 목소리는 즐겁고 생기 있게 유지하려 애쓰면서, 반짝이 장식으로 가득 찬 축제 기간을 그럭저럭 보낸다.

그런데 디킨스가 제시하는 양자택일과 달리, 나는 우리가 늙은 스크루지와 타이니 팀(Tiny Tim, 《크리스마스 캐럴》의 등장인물) 사이에서 꼭 하나를 선택해야 한다고 믿지 않는다. 그 둘 사이에는 중간지대가 틀림없이 있다. 그 지대는 성령의 조명을 받고 사랑의 영감을 받은 성숙한 성인(成人)이 선택할 수 있는 곳이다. 그곳에서 그는 가장 아름답지만 동시에 가장 남용되고 멸시받는 휴일, 즉 크리스마스에 대해 자기 나름의 태도를 정할 수 있다. 다른 이들도 그렇겠지만 나 역시 그렇게 하기를 원하고, 또 그 과정에서 모든 이들을 사랑하기를 원한다.

크리스마스의 행복한 기억

나는 스크루지 같은 사람을 보지 못했다. 매년 돌아오는 크리스마스는 내 어린 시절을 즐겁게 해주었다. 크리스마스 아침이 되면 내 어머니는 기분 좋은 표정으로 가족을 위해 평소보다 두세 가지를 더 준비하려고 노력하셨고, 언제나 그 노력은 어떻게든 성공했다. 아이들에게 기껏해야 오렌지, 팝콘볼 그리고 싸구려 장난감이 한 개씩 주어졌지만, 우리 모두에게는 잊을 수 없는 날이었다. 그 즐거운 날 아침에는 심지어 집에서 짠 깔개 위에 누워있는 늙은 잡종 견 누렁이에게도 단단한 사탕이 한 줌 주어졌다. 그 녀석이 아주 진지하게 사탕을 오도독오도독 씹어 먹으면서 내는 큰 소리에 꼬마들은 소리를 지르며 재미있어했다.

그런 아침 시간이 지난 후 다른 집 아이들이 우리 집에 오면, 그 애들은 그들이 그날 아침에 경험한 지극히 큰 기쁨에 대해 말할 수 있었다. 아니, 그것에 대해 말하기를 원했다. 그날 아침에 그들이 굴러떨어지듯 침대를 빠져나와 크리스마스트리 둘레에 모여 기쁨과 놀람의 탄성을 크게 지르며 선물의 포장을 뜯을 때 느꼈던 황홀경은 그들이나 그들의 부모가 평생 잊지 못할 행복한 기억으로 남을 것이다. 만일 그날 다른 어떤 사람이 우리 집을 방문했다 해도 스크루지 같은 사람은 오지 않았다. 만일 그런 사람이 우리 집 근처에 왔다면 아마 뇌졸중으로 사망했을 것이다.

변질된 크리스마스 분위기

그러나 오늘날 사람들이 크리스마스를 즐기는 방식은 근본적으로 바뀌어야 한다. 자발적으로 표현되었던 옛날의 순수한 즐거움은 이제 과도한 부절제로 변질되었다. 예를 들면, 시카고의 어떤 지역에서는 주민들이 매년 가장 크고 색깔이 가장 야하며 가장 저속한 크리스마스트리를 만들어 현관이나 잔디, 혹은 길거리에 세우는 경쟁을 벌이기도 한다. 또 현란한 복장을 하였지만 열의 없이 억지로 미소 짓는 거구의 산타클로스가 밝은 조명을 받는 순록 떼를 몰고 뜰을 가로질러 뒷집 쪽으로 넘어가기도 한다!

우리는 소박한 목자들의 경건한 태도, 천사들의 찬송, 그리고 천군(天軍)의 아름다움에서 떠나 우리의 부패한 취향에 푹 빠져버리고 말았다! 이제는 베들레헴의 별이 뜬다 해도 지혜로운 사람을 그리스도에게 인도하지 못할 것이며, 상인협회가 번화가에 높이 달아놓은 수백만 개의 인공 조명에 가려져 보이지도 않을 것이다. 천사들이 찬송을 부른다 해도 고객을 인근 상점들로 끌어들이기 위해 고막이 찢어질 듯 크게 틀어놓은 〈고요한 밤 거룩한 밤〉에 묻혀 들리지도 않을 것이다.

광적인 물질주의에 빠진 우리는 아름다운 것을 재로 만들어버렸고, 모든 정상적인 감정을 돈을 위해 팔아넘겼으며, 인류가 알게 된 가장 거룩한 선물을 상품으로 변질시

컸다. 그리스도께서는 평화를 주려고 오셨지만, 우리가 그분의 오심을 기념하는 방법은 매년 6주 동안 평화를 불가능하게 하는 것이다. 지금 크리스마스 시즌을 지배하는 것은 평화가 아니라 긴장과 피로와 짜증이다.

그분은 우리를 빚에서 해방하려고 오셨지만, 많은 이들은 사치품을 다른 이들에게 선물하느라 매년 더 많은 빚을 지게 된다. 그 사치품을 받은 사람들은 그것의 가치를 알지도 못하기 때문에 맥이 빠진다. 우리 주님은 가난한 사람들을 도우려고 오셨지만, 우리는 선물이 필요 없는 사람들에게 자꾸 선물을 안긴다. 사랑의 표시로 주는 소박한 선물은 사라지고 고가의 선물이 오고 가는데, 왜냐하면 우리가 뇌물이나 수고비 같은 것에 길들어 있기 때문이다. 그런 상황에서는 우리 여호와 하나님의 아름다움이 보이지 않고 인간의 죄의 추악함과 기형(畸形)만이 보일 뿐이다.

미국에서 볼 수 있는 크리스마스 시즌의 해로운 오용 중 하나는 그리스도 대신 산타클로스가, 대중에게 특히 어린 아이들에게 주요 관심의 대상이 되었다는 것이다.

진지하게 생각하는 그리스도인 부모들이 마더 구스 (Mother Goose, 전래동요집의 가상적 저자)의 이야기와 동화의 도덕성을 문제 삼아온 것은 사실이다. 하지만 내가 볼 때, 그런 것들은 상대적으로 해가 없는데, 왜냐하면 부모는 그것들이 허구라고 밝히면서 얘기를 해주고, 아이들도 그것들이 꾸며낸 이야기라는 것을 잘 알기 때문이다. 그러나 산타클로스의 경우는 다르다. 아이들에게 산타클로스를 진짜처럼 말해주는 것은 성격 형성에 있어 가장 중요하고 가장 예민한 시기에 그들을 속이는 속악한 짓이다.

성경의 크리스마스로 돌아가자

그렇다면 우리는 어떻게 해야 할까? 겸손과 절약의 미덕을 계속 키워라. 성경이 강조하는 것을 강조하라. 말구유에 누인 아기를 강조하지 말고 하나님의 우편에 계신 그리스도를 강조하라. 그리스도 안에 있는 소박함으로 돌아가라. 로마에서 빌려온 비성경적인 성대한 행사를 교회에서 몰아내라. 그리스도의 이름으로 실행되는 이교주의에 따르도록 가해지는 압력을 거부하라. 그리고 그렇게 하기 위해 성경을 인도자로 삼아라.

chapter 14

기쁨의 목소리를
높여라

시편이 따스한 개인경건의 음악에 맞추어 쓰인 서정적 구약주석이듯이, 우리 기독교의 위대한 찬송가는 신약에 대한 기쁨의 주석이다.

곡조 붙은 신학

성경이 어떤 책인지를 정확히 배운 그리스도인은 우리의 찬송가가 시편과 똑같은 정도로 성령의 감동에 의해 만들어졌다고 주장하지는 않을 것이다. 하지만, 예배하며 찬송하는 사람은 많은 찬송가에 담긴 내적 광채가 인간의 차원을 조금 넘어선다는 것을 어렵지 않게 인정할 것이다.

그런 찬송가들이 온전하고 최종적인 의미에서 성령의

감동에 의해 만들어진 것은 아니라 할지라도, 찬송가에는 성령의 따뜻한 입김이 서려 있고, 상아궁에서 나오는 몰약과 침향과 육계의 향기로 감미롭다.

찬송가는 기독교의 모든 기본 교리를 노래한다. 성경이 다 없어져 버리거나 교회에게 허락되지 않는다고 해도, 성경 교리의 온전한 체계를 우리의 찬송가에서 뽑아내는 것이 그렇게 어렵지는 않을 것이다.

물론 그렇게 뽑아낸 것이 성령의 감동으로 기록된 말씀의 권위를 갖는 것은 아니지만, 그래도 그것이 있다면 어둠의 시간에 교회가 조상의 믿음을 지키는 데 큰 도움이 될 것이다. 교회가 찬송가를 부를 수 있다면 결코 무너지지 않을 것인데, 왜냐하면 찬송가는 곡조 붙은 신학이기 때문이다.

찬송가는 진리를 만들어내지 않고 진리를 계시하지도 않지만, 진리를 찬양한다. 찬송은 믿음의 사람이 '계시된 진리'나 '성취된 사실'에 반응하는 것이다. 하나님은 이루시고 인간은 그것을 찬양한다. 하나님은 말씀하시고, 찬송은 그 말씀의 음성에 곡조를 붙인 메아리다.

부활을 기뻐하는 믿음의 반응

인류 역사의 사건 중에서 가장 완전한 합창을 만들어낸 사건은 그리스도의 부활이다. 인류 최초 문명의 아침 이후, 이제까지 세상의 모든 콘서트홀에서 흘러나온 음악보다 더 많은 음악이 요셉의 빈 무덤에서 흘러나왔다. 부활은 사실이었다. 찬송은 그 사실에 대한 믿음의 반응이다.

우리의 고전적 찬송가들의 행(行)과 연(聯)을 적절한 순서로 결합하기만 해도, 세부사항을 어느 정도 갖춘 부활절 이야기를 만들어낼 수 있다. 절제되어 있으면서도 강렬한 기쁨을 표현한 라틴 찬송가를 예로 들어보자.

싸움은 끝났고 전투는 종료되었다.
이제 승리자에게 승리가 돌아갔도다.
이제 찬양의 노래를 시작하라!
할렐루야!

이것은 순수한 신학에 권면과 환호가 더해진 찬송이다. 이 찬송의 나머지 부분은 부활의 교리를 더 발전시킨다.

죽음의 권세는 최악의 짓을 저질렀지만,

그리스도께서 그들의 군대를 흩으셨도다. …

주께서 이제까지 계속되어 온 지옥의 속박을 깨뜨리셨도다.

천국의 높은 문에서 빗장이 떨어져 내렸도다.

이 구절들 각각에는 기쁨에 찬 찬양으로의 초대와 할렐루야의 환호성이 덧붙여져 있다. 이것이 찬송의 절정이다. 찬송은 우리에게 진리를 알려주려고 하지 않는다. 찬송은 우리가 진리를 이미 알고 있다고 전제하고, 우리의 입에서 찬양과 노래가 저절로 터져 나오도록 그 진리를 노래한다.

6세기에 만들어졌다고 하는 또 다른 라틴 찬송은 이렇게 시작한다.

"복된 아침이여, 어서 오라!"

시대가 시대에게 그렇게 말할 것이라.

오늘 지옥이 패배하였다. 오늘 천국의 문이 열렸도다.

보라! 죽은 자가 살아나셨고,

하나님이 영원히 살아 계시다.

그분께 지음 받은 모든 것들이

그분 곧 그들의 참된 창조주를 숭모하도다.

이 찬송에는 부활절을 왜 기뻐해야 하는지에 대한 신학적 설명이 들어있다. 그리스도께서 죽으셨지만, 그것은 사고가 아니었고 질병이나 고령의 결과도 아니었다. 그분은 지옥을 패배시키고 사람들에게 천국의 문을 열어주기 위해 돌아가셨다. 그분은 죽으셨지만, 지금은 살아 계시다. 보라! 죽은 분이 살아 계시다! 그러니 믿음의 사람들이 어찌 침묵할 수 있겠는가?

성경을 배운 그리스도인은 자신이 날과 때와 절기에 속박되어 살도록 허락하지 않는다(골 2:16-17; 롬 14:4-10; 고후 3:5-18). 그는 자기가 율법에서 자유롭다는 것을 안다. 그러므로 그의 목에 멍에를 씌우려고 애쓰는 유대화주의자(Judaizer) 형제들은 성공하지 못할 것이다.

그런데 그럼에도 불구하고 그리스도인은 7일 중 하루를 기도와 찬양에 온전히 바치는 것이 얼마나 가치 있는 것인지를 잘 안다. 성경을 사랑하는 사람은 첫날을 그리스도인의 자발적 안식일로 삼는 것이 영적으로 온당하다는 것을 알 것이다. 왜냐하면 그리스도께서 첫날에 죽은 자들로부터 다시 사셨기 때문이다.

부활절에 주님을 목소리 높여 찬송하라

크리스토퍼 워즈워스(Christopher Wordsworth, 1807~1885. 영국
국교회의 감독. 계관시인 윌리엄 워즈워스의 조카)의 사랑받는 탁월한
찬송가는 이를 완벽한 논리로 매우 아름답게 표현한다. 첫
날을 '즐거운 안식의 날, 기쁨과 빛의 날, 지극히 아름답고
지극히 밝은 날'이라고 찬양한 그는 그날을 기념해야 할 세
가지 확실한 이유를 밝힌다.

당신의 날에, 창조 때에

빛이 처음 태어났습니다.

당신의 날에, 우리의 구원을 위해

그리스도께서 땅의 가장 깊은 곳에서

다시 살아나셨습니다.

당신의 날에, 우리의 승리의 주님이시여!

하늘로부터 성령이 임하셨습니다.

그리하여 지극히 영광스러운 당신의 날에,

삼중(三重)의 빛이 주어졌습니다.

첫날에 빛이 태어났고, 그리스도께서 다시 사셨으며, 성령께서 강림하셨다. 이것을 입증해주는 다른 진리가 많이 있지만, 그리스도를 진실로 따르는 자에게는 더 이상 강한 논증이 필요하지는 않을 것이다. 첫날에 그들은 그리스도의 승리를 즐겨 기억할 것이다. 거듭 돌아오는 첫날은 그리스도께서 땅의 가장 깊은 곳에서 다시 살아나셨다는 것을 그들에게 상기시킬 것이다.

그리스도인들이 그들의 역사적 신앙의 저 큰 반석에 집중하도록, 즉 "그리스도께서 부활하셨다!"라는 진리에 집중하도록 어느 정도 기여하는 부활절 시즌에 대해 하나님께 감사하자. 우리가 그것을 아무리 중요하게 여긴다 해도 지나치지 않을 것이다. 그러므로 우리는 찬송가 작가와 함께 이렇게 외칠 수 있을 것이다.

즐거운 승리의 환호성을 저 높이 올려보내라!
예수께서 살아나셨고,
우리가 죽지 않을 것이기 때문이다!

chapter 15

능력과
책임

"능력에는 책임이 따른다."

이것은 저명한 매클래런 박사가 한 말이다. 이것은 성경의 교훈과 완전히 부합하지만, 우리는 우리와 하나님과의 관계 그리고 우리와 이웃과의 관계에서 이것을 잊기 쉽다.

이해력이 있고 공정한 태도를 취하는 사람은 "능력에는 그것에 상응하는 책임이 따를 수밖에 없다"는 것을 인정한다. 시각장애인은 보지 못하는 것에 대해, 귀머거리는 듣지 못하는 것에 대해 책임질 수 없다. 심지어 지극히 억압적인 정부도 시민들의 납세능력을 벗어난다고 판단되는 과도한 세금을 그들에게 부과하지는 않는다.

어떤 사람에게 자꾸 더 많은 것을 요구하면, 그가 갖고 있을지도 모르는 능력까지 결국 파괴하고 말 것이다. 어떤 정부가 시민들의 납세능력보다 더 많은 세금을 요구하면, 이내 그 나라의 세원(稅源)이 뿌리까지 마르고 결국 그 정부는 틀림없이 무너지게 될 것이다.

몰랐다고 책임이 면제되는 것은 아니다

특이하면서도 매우 의미심장한 한 성경구절은, 하나님께서 사람들을 심판하실 때 그들의 빛에 따라 심판하신다고 가르친다.

> 알지 못하던 시대에는 하나님이 간과하셨거니와 이제는 어디든지 사람에게 다 명하사 회개하라 하셨으니 이는 정하신 사람으로 하여금 천하를 공의로 심판할 날을 작정하시고 이에 그를 죽은 자 가운데서 다시 살리신 것으로 모든 사람에게 믿을 만한 증거를 주셨음이니라 하니라
>
> 행 17:30,31

이 구절에서 말하듯이 하나님께서는 그리스도가 오시기 전에, 즉 '알지 못하던 시대에' 간과하셨다. 그렇다면, "그리스도가 오셨다는 소식을 아직도 듣지 못한 지역들을 하

나님께서 지금 간과하실 수도 있다"라고 믿는 것은 지나친 것인가? 아무튼 분명한 것은 하나님께서 고대에 사람들을 간과하셨다고 해서 그들의 책임이 모두 면제되는 것은 아니라는 사실이다.

결코 면제되지 않는다. 왜냐하면 양심의 빛이 있을 뿐만 아니라 자연의 빛도 있기 때문이며, 이 두 가지 빛이 "참 빛 곧 세상에 와서 각 사람에게 비추는 빛"(요 1:9)에 의해 효력을 발휘하기 때문이다.

바울은 이것을 잘 설명해준다.

> 무릇 율법 없이 범죄한 자는 또한 율법 없이 망하고 무릇 율법이 있고 범죄한 자는 율법으로 말미암아 심판을 받으리라 롬 2:12

우상숭배는 어디에서 발견되든지 간에 중대하고 파괴적인 범죄다. 그런데 예수 그리스도께서 세상의 빛으로 오셨기 때문에 사람들은 설득력 약한 변명조차 할 수 없게 되었고, 즉시 우상을 버리고 하나님께 돌아와야 할 책임을 지게 되었다. 이 같은 원리는 복음이 전파되는 곳이면 어디에나 적용된다. 복음을 듣기 전이라도 이교도가 죄가 없는 것은 아니다. 그런데 복음을 들은 후에는 그의 책임이 어마어마하게 늘어난다.

돈, 시간, 재능, 기회에 따르는 책임

내가 지금 말하고 있는 원리는 복음을 전해 들은 사람들에게 책임이 있다는 것을 분명히 말할 뿐만 아니라, 한 걸음 더 나아가 우리의 돈과 시간과 재능과 기회에도 적용된다.

오늘날 미국의 경제학자와 정치가들은 전례 없이 높은 생활 수준, 고소득, 버튼 하나로 해결되는 편리함, 어마어마한 은행 잔고에 대해 말한다. 일시적 실업의 증가에도 불구하고 그들의 말은 사실이다. 내가 알기로는 북쪽에 있는 우리의 자매국가, 즉 미국과 우호적 관계에 있는 캐나다도 미국만큼 경제적 번영을 누리고 있다. 지금 지구상에서 미국과 캐나다만큼 번영을 누리는 나라는 없다.

경제 번영의 열매를 나누어 먹는 우리 그리스도인들은 능력에는 책임이 따른다는 것을 잊지 말아야 한다. 우리는 우리의 조상보다 더 많이 가졌기 때문에 우리의 조상보다 더 많이 이웃에게 베풀 수 있다. 바로 이 점을 간과할 수 있는 위험이 우리 앞에 도사리고 있다. 수입의 증가는 다음 두 가지 중 하나로 귀결될 것이다.

1. 내 수입이 늘었으므로 나는 더 소비하며 더 즐길 수 있다.
2. 나는 더 벌게 되었으므로 더 많은 이들에게 더 많은 선을 행할 수 있고, 더 많은 종족과 나라의 복음화를 위해 헌금할 수 있다.

늘어난 수입을 이용해 육신을 먹이고 더 많은 사치품을 즐기는 것은 아주 자연스러운 일이지만, 자연스럽기 때문에 잘못된 것이다. 그것은 타락한 인간의 본성에 부합하는 것이며, 본질적으로 죄고 이기적인 것이다. 늘어난 수입을 하늘에 보물로 쌓아두는 것은 그리스도의 교훈에 따르는 것이다. 이런 문제에 직면한 모든 그리스도인은 "나의 능력의 증가가 나의 책임의 증가를 의미하는 것은 아닌가?"라고 고민하며 기도해야 한다.

또한 나는 시간, 재능 그리고 기회라고 불리는 능력에 대해서도 언급하지 않을 수 없다. 이런 것들이 모든 그리스도인에게 균등하게 주어진 것은 아니다. 거룩한 시간을 내어 생각해본 사람은 하나님께서 모든 그리스도인에게 똑같이 요구하시지는 않는다고 결론 내리게 될 것이다. 목자는 몸집이 가장 큰 양에게서 양털을 가장 많이 얻게 될 것이라고 예상하고, 우리는 가장 큰 나무에게서 가장 많은 열매를 기대한다.

베드로는 개인의 책임을 규정하는 원리를 이렇게 제시했다.

> 만일 누가 말하려면 하나님의 말씀을 하는 것같이 하고 누가 봉사하려면 하나님이 공급하시는 힘으로 하는 것같이 하라 벧전 4:11

바울의 말도 베드로의 말과 다르지 않다.

> 내게 주신 은혜로 말미암아 너희 각 사람에게 말하노니 마땅히 생각할 그 이상의 생각을 품지 말고 오직 하나님께서 각 사람에게 나누어 주신 믿음의 분량대로 지혜롭게 생각하라 롬 12:3

어떤 그리스도인들은 젊을 때 세상을 떠난다. 또 어떤 그리스도인들은 긴 양초가 거의 촛대에 이르기까지 타내려가면서 오래 끌듯이 이 땅에 오래 머문다. 일찍 세상을 떠난 사람들은 시간이라는 능력을 적게 받았으므로 그 책임이 그렇게 크지는 않을 것이다.

　사람의 지성 수준, 그가 얻은 기회, 그리고 그가 받은 재능은 하나님과 이웃을 향한 그의 책임의 크기를 결정한다. 사람의 삶이 맺은 열매의 크기와 양은 사람에 따라 다르겠지만, 그것의 질은 모든 이들에게서 똑같아야 한다. 거룩해지는 것은 모든 참된 그리스도인의 의무이고 특권이다. 능력은 거룩해지는 것과는 다른 것인데, 이 두 가지를 혼동해서는 안 된다.

chapter 16

낭만적
신앙인

내가 볼 때, 대부분의 사람들은 다소간 낭만적이다(지금 나는 '낭만적'이라는 말을 그것의 주요 의미 중 하나로 사용하는 것이다). 이 제까지 살면서 관찰해본 결과, 나는 "보통 사람들의 경우 보다 신앙인들이 낭만적으로 변하는 경향이 더 강하다"라 고 결론 내리게 된다.

물론 지금 나는 신앙인들의 이성(異性)에 대한 태도에 대 해 말하는 것이 아니라 그들의 인생 전반에 대한 태도에 대해 말하는 것이다. 만일 어떤 사람이 "종교처럼 훌륭한 것이 낭만적 심리처럼 미심쩍은 것을 지나치게 야기한다 는 것이 말이 되느냐?"라고 반론을 편다면, 나는 이렇게 대 답하겠다.

"선한 것들도 모두 위험을 내포하고 있다. 가장 좋은 것들도 절제와 성찰과 방향 지시가 따르지 않으면 가장 나쁜 것들로 변질될 수 있다."

낭만적 신앙인의 낭만적 신앙생활

신앙생활에 박혀 있는 낭만적 심리 현상을 찾아내는 것은 어렵지 않다. 낭만적 신앙인은 그의 신경말단(神經末端)으로 사고하고, 행동 대신 말로 때우며, 비현실적인 것들을 눈물을 글썽이며 냉큼 받아들이고, 희망 사항과 믿음을 혼동한다. 낭만적 신앙인은 "어떤 사람이 자기가 덕스럽다고 느끼면 그 사람은 실제로 덕스러운 것이다"라고 생각한다.

제창(齊唱)으로 반복되는 글로리아 파트리(the Gloria Patri, 다양한 기독교 의식에서 사용되는 하나님을 찬양하는 짧은 찬가)나 주기도송의 편안한 연속적 저음은 낭만적 신앙인의 마음을 진정시키는 데 탁월한 효과를 발휘한다. 그는 설교시간 내내 졸기 쉽다. 졸지 않고 깨어서 설교를 듣는다고 해도 설교 내용을 그의 삶에 실제로 적용하지는 않는다. 낭랑한 목소리의 축도 그리고 그 뒤에 이어지는 아름다운 송영의 합창 소리를 들을 때, 그는 자기가 교회 출석을 통해 엄청 큰 유익을 얻었다고 느낀다. 예배당을 나오면서 미소를 띠고, 악수하며, 설교자에게 덕담을 건네고, 그의 길을 갈 것이다. 전혀 변하지 않은 채!

내일이 되면 그는 전과 마찬가지로 거래처에 '가격 후려치기'를 할 것이고, 수상한 구석이 있는 짓을 반복할 것이며, 소득세를 속일 것이고, 앞차의 운전자에게 소리를 지를 것이며, 아내에게 고함을 칠 것이고, 과식할 것이고, 여러 부분에서 이 세상의 아들처럼 살아갈 것이다. 사실, 그는 이 세상의 아들이다!

그리고 주일이 다시 돌아오면 다시 교회에 갈 것이고, 수년 동안 매주 한 번씩 즐겨온 행복감을 잠깐이나마 또 맛볼 것이다. 자기가 사람들을 향한 호의와 질 높은 삶을 맛보았다는 행복감 말이다! 그러나 그는 신앙을 삶에 연결시키지 않는다. 그가 볼 때, 기독교 신앙이 그의 생활 속의 행동에 영향을 주어야 할 이유는 없다. 그에게 있어서 기독교 신앙은 일출(日出)이나 스웨덴식 마사지처럼 그냥 기분 좋은 것일 뿐이다. 그 이상은 아니다!

말로만 하는 신앙 태도

낭만적 태도가 성경시대에 없었던 것은 아니다. 사도 요한은 낭만적 태도의 현상 중 하나에 대해 경고하기 위해 이렇게 썼다.

자녀들아 우리가 말과 혀로만 사랑하지 말고 행함과 진실함으로 하자 이로써 우리가 진리에 속한 줄을 알고 또 우리 마음을 주 앞에서 굳세게 하리니 요일 3:18,19

S. A. 키르케고르(1813~1855. 덴마크의 철학자. 덴마크 루터교회의 목사가 될 준비를 했지만, 목사안수를 받지는 않았다)는 "성경은 군중 속의 사람을 사랑하라고 가르치지 않고 우리 이웃을 우리 자신처럼 사랑하라고 가르친다"라는 지혜로운 말을 남겼다. 하지만 우리는 인류를 향한 사랑의 증거는 많이 보여주지만, 개인을 향한 사랑의 증거는 거의 보여주지 못한다. 우리에게 있어서 형제 사랑의 개념은 정말 아름다운 것이지만, 구체적 상황에서 특정 개인에게 사랑을 베풀어야 하는 것은 귀찮은 것일 뿐이다.

외국인들을 사랑할 마음은 없으면서도 해외선교회를 사

랑하는 그리스도인들은 많다. 그런 그리스도인들은 아프리카의 유색인을 위해 사랑으로 기도하면서도, 미국의 유색인은 싫어한다. 홍콩의 중국인은 사랑하기 때문에 그를 회심시킬 선교사를 파송하는 데 후하게 헌금할 용의가 있지만, 번화가의 세탁소에서 만난 중국인을 회심시키려고 노력하지는 않는다. 어머니의 날에 어머니를 공경하기 위해 꽃을 달아주지만, 어머니를 집에 모시는 것은 너무 불편해서 하지 않는다. 그리하여 어머니는 이곳저곳을 전전하다가 결국 병들고 약해져서 양로원으로 보내지고 거기서 죽음을 기다리게 된다.

나 같은 사고방식에 '부정적' 또는 '냉소적'이라는 낙인이 찍힌다는 것을 나는 잘 안다. 대부분의 그리스도인들은 내가 제기하는 문제를 외면하려고 한다.

이런 현상은 그리스도께서 이 땅에서 일하실 때에도 있었다. 이스라엘은 비현실 속에서 뒹굴었다. 제사장들과 백성은 자기들의 말을 생활 속에서 실천하지 않았다. 입으로는 선한 삶을 살았지만, 몸으로는 악한 삶을 살았다. 우리 주님은 인위적인 것과 거짓된 것을 참지 못하셨다. 어디에서든지 가식을 보면 불쾌히 여겨 분명히 지적하셨다. 그분의 솔직한 지적이 어떤 결과를 낳았는지는 이미 잘 알려져 있는 바다.

그러나 이 타락한 시대에도 소수의 그리스도인들은 거짓 위로보다는 진실을 원한다고 나는 믿는다. 그들은 '위로를 주는 오류'보다는 차라리 '마음을 불편하게 하는 진실'을 듣기 원한다. 그래도 문제해결의 희망의 불씨가 아직 남아 있는 지금, 자기들이 어디에 서 있는지를 정확히 알기를 원한다. 자기들이 아무리 절망적 상태에 있다 해도 그것을 직시하기를 원하면서, 그리스도의 해결능력에 모든 희망을 걸겠다고 마음먹는다. 비현실 속으로 도피할 필요가 없는 그들은 머지않아 진실을 발견하게 될 것이다.

chapter 17

참된 기쁨이
때가 되면 찾아온다

우리의 과거를 알 때 비로소 우리의 현재를 제대로 알 수 있다. 우리의 도덕성의 상실과 창조주에 대한 반역이라는 부끄럽고 비극적인 일은 과거에 일어났다. 우리가 우리의 행복까지 잃어버렸다는 사실은 가장 중요한 문제가 아니다. 왜냐하면 행복의 상실은 하나님에게서 멀어지게 된 사건의 결과이지 그 일부가 아니기 때문이다.

행복보다 시급한 것

'속량'이라는 그리스도의 제1차적 사역은 인류의 멸망에서 건짐 받은 사람들에게 칭의와 성화 그리고 궁극적으로는 영화를 얻게 해주는 것이다.

이 용어에 익숙하지 않은 사람을 위해 굳이 설명을 하자면, 칭의는 하나님 앞에서 의롭다고 선언하는 것이고, 성화는 거룩하게 하는 것이며, 영화는 우리의 인격 전체가 그리스도의 형상을 닮도록 다시 만드는 것이다. 이런 과정을 통해 우리는 성경이 말하는 저 천국, 즉 상태와 장소로서의 천국에서 영원히 살기에 적합한 존재로 변하게 된다. 속량 받은 자들은 천국에서 삼위일체 하나님과 막힘없는 교제를 즐기게 될 것인데, 그 자체가 순수한 행복이다.

방금 나는 '멸망'이라는 단어를 사용하면서 그것을 인류와 연관시켰다. 이 표현은 비유가 아니며, 과장된 표현이나 무책임한 표현도 아니다. 인류는 영적으로나 도덕적으로나 육체적으로 멸망에 처해 있다. 역사와 신문은 우리의 도덕적 멸망을 증언해준다. 스스로 덕스럽다고 주장하지만, 혐오감을 주는 신(神)들의 긴 행렬, 그리고 수천 가지의 헛되고 무의미한 다양한 종교적 관습들은 우리의 영적 타락을 말해준다. 또한 질병, 고령화 및 죽음은 우리의 육체적 멸망의 완성을 말해주는 슬픈 증언이다.

우리는 천국과 지옥의 중간쯤에 있는 세계에 살고 있다. 한쪽에서 멀리 떨어져 있지만 그렇다고 해서 다른 쪽으로 완전히 가버린 것도 아니다. 우리의 본성은 거룩하지 못하고 우리의 행위는 의롭지 못하다. 다시 말하지만, 우리가 행복하지 못하다는 사실은 그렇게 중요한 문제가 아니다. 우리의 가장 긴급한 의무는 롯이 소돔의 도덕적 멸망을 피했듯이 이 세상의 부패를 피하는 것이다. 우리에게 더할 나위 없이 중요한 것은 하나님의 은혜의 문이 닫히기 전에 그 은혜를 구하는 것이며, 예수 그리스도의 무한한 권위에 자발적으로 온전히 굴복하는 것이다.

그렇게 하면 적대적 세상에서 어려움을 당하게 될 것이고, 즐겁지 못한 일이 자연적으로 생기게 될 것이다. 더 나아가 마귀에게 시험을 당할 것이고, 평생 육신과 싸워야 할 것이며, 우리의 즐거움의 대부분을 더 적절한 훗날로 미루어야 할 것이다.

그런 점들을 고려할 때, 행복을 향한 우리의 어린애 같은 욕구는 도덕적으로 추한 것으로 간주되어야 한다. 그런 욕구는 '간고를 많이 겪은 분'(사 53:3)의 영(靈)과 완전히 이질적인 것이며, 그분의 사도들의 교훈과 행함과 정면충돌하는 것이다.

싸구려 행복을 버려라

그리스도의 이름으로 대중에게 줄 수 있는 것이 고작 '마음의 평정으로의 초대'에 불과하다면, 그것은 기독교의 냄새를 풍기기 위해 예수님의 말씀을 몇 마디 섞은 휴머니즘이라고 해야 할 것이다. 그리스도의 영과 교훈에 부합하는 것만이 진정으로 기독교적인 것이다. 그 밖의 모든 것들은 어디에서 나왔든지 간에 비기독교적이며 반기독교적인 것이다.

그리스도께서 위하여 죽으신 사람들에게 그분의 말씀을 전한다고 하면서, 그분의 말씀을 바꾸고 변조(變調)하는 짓을 부끄러운 줄도 모르고 자행하는 것이 정말 이상하지 않은가?

그리스도께서는 십자가를 지라고 사람들을 부르셨지만, 우리는 그분의 이름으로 재미있게 놀으라고 그들을 부른다. 그분은 그들에게 세상을 버릴 것을 요구하시지만, 우리는 "여러분이 예수님을 영접하기만 하면 세상에서 얼마든지 이익을 취해도 좋습니다"라고 확신 있게 말한다.

그분은 고난당하라고 부르셨지만, 우리는 현대문명이 줄 수 있는 모든 속물적인 위로를 즐기라고 부른다. 그분은 자기희생과 죽음으로 부르셨지만 우리는 푸른 월계수 나무처럼 뻗어나가라고 부르거나, 아니면 가련한 5급 수준의 종교 황도대(黃道帶)의 별이 되라고 부른다. 그분은 거룩해지라고 부르셨지만, 우리는 스토아학파(the Stoics, 고통과 쾌락에 영향을 받지 않고 사는 것이 훌륭한 삶이라는 철학을 가르친 고대 그리스의 학파)의 가장 수준 낮은 사람조차 경멸하며 거부했을 법한 싸구려 저질 행복으로 사람들을 부른다.

그리스도인은 어떻게 살아야 하는가?

현재 우리가 살고 있는 이런 세상에서 진지한 그리스도인은 어떻게 해야 하는가? 대답은 쉽지만 실천은 어렵다!

먼저 당신에 대한 진실을 받아들여라. 당신은 의사에게 위로를 얻으려고 가는 것이 아니라 잘못된 것을 찾아내어 치료하기 위해 간다.

하나님의 나라와 그분의 의를 구하라. 예수 그리스도를 통해 당신과 이웃 사이의 올바른 관계를 추구하라. 경건한 마음으로 당신의 행동을 고치는 일에 착수하라. 하나님을 높이고 육체를 억제하며 삶을 단순화하라. 당신의 십자가를 져라. 그리고 이 세상에 대해 죽는 법을 예수 그리스도에게서 배워라. 그리하면 그분이 적절한 때에 당신을 높여 주실 것이다.

이런 것들을 믿음과 사랑으로 행하면 평안을 알게 될 것인데, 그것은 모든 이해력을 초월하는 하나님의 평안이다. 그리고 또한 기쁨을 알게 될 것인데, 그것은 육신적인 즐거움을 고집하는 사람들의 무책임한 행복이 아니라 부활의 기쁨이다. 그리고 또 내주하시는 성령의 위로를 알게 될 것인데, 그것은 종종 사막의 우물물처럼 솟아오를 것이다. 당신이 그 위로를 구했기 때문이 아니라 모든 것을 희생하며 하나님의 뜻을 행하기를 구했기 때문에 그런 위로가 주어지는 것이다.

내가 앞에서 말했듯이, 지금은 우리가 고난을 당해도 괜찮다. 왜냐하면 영원무궁토록 즐거워할 것이기 때문이다. 그리고 우리의 즐거움은 정당하고 깨끗할 것인데, 왜냐하면 올바른 때에 올바른 방법으로 찾아올 것이기 때문이다.

절제는
진귀한 덕이다

현대 미국인의 기질을 가장 잘 묘사하는 단어를 고르라고 한다면 나는 '지나침'이라고 말하고 싶다.

지나치게 과도한 사회

무엇을 하든지 간에 우리 미국인들은 거의 모든 경우에 지나치게 한다. 괴물 같은 것들을 끊임없이 만들어낸다. 우리가 만들어내는 것이 움직이는 것이라면, 그것은 너무 빨리 움직인다. 그것이 높은 것이라면, 너무 높다. 소리를 내는 것이라면, 황당할 정도로 큰 소리를 낸다. 승용차를 만든다면, 이동에 필요한 동력보다 훨씬 더 강력한 동력을 가진, 기괴할 정도로 크고 화려한 승용차를 만든다.

우리에게는 전화가 너무 많고, 주유소가 너무 많고, 가게가 너무 많다. 우리의 국가채무는 천문학적이고, 우리가 배출하는 쓰레기는 상상을 초월하며, 우리의 고속도로는 너무 많고 너무 복잡하고 너무 비용이 많이 든다. 휴가 기간이 너무 길고, 휴가에 너무 많은 정력(精力)이 투자된다. 크리스마스 선물을 주고받는 것은 그리스도께서 이 땅에 오신 거룩한 사건과는 전혀 관계없이 짜증스럽기만 한 의미 없는 경쟁으로 변질되었다. 어디를 가든 경우에 맞지 않는 부적절한 멜로디가 요란스럽게 흘러나오기 때문에 귀에 딱지가 앉을 정도다.

이 엄청난 심신의 에너지, 어마어마한 활동 그리고 막대한 재산을 경영하고 관리하기 위해서 정부에는 부서들이 잇달아 생기고 각종 기관들이 만들어진다. 그러다 보니 그 부서와 기관들이 완전히 통제에서 벗어나게 되고 그것들 자체가 허리가 휠 정도로 부담스런 존재가 되었기 때문에, 정부조직의 건강을 심각하게 위협하는 지경에 이르렀다.

의심할 바 없이 우리는 통제에서 벗어났다. 아마 돌아올 수 없는 다리를 건넜는지도 모른다. 이 지나침의 수렁에서 벗어나 과거로 돌아가는 것이 불가능해졌는지도 모른다.

그런데 여기서 나는 "만일 우리가 지나침의 악덕으로 스스로를 파괴하고 있다면, 그것은 우리가 그런 지나침에 도달하여 엄청 즐거움을 얻을 수 있을 만큼 부유해졌기 때문"이라고 지적하지 않을 수 없다. 다른 나라들은 그들의 머리에 총알을 박았지만, 미국은 한 걸음 더 나아가 우리의 머리 전체를 날려버릴 능력이 있다. 자기의(自己義)와 두려움이 섞인 감정으로 우리를 쳐다보는 나라 중 많은 나라는 단지 우리를 시기하는 것이다. 그들도 돈이 있다면 우리처럼 할 것이다. 어차피 그들이나 우리나 모두 똑같은 인간들이 아닌가?

타락의 결과

지금까지 내가 말한 것은 잘 알려진 진리를 에둘러 말한 것일 뿐이다. 그 진리는 인류타락의 결과 중 하나가 절제력의 상실이라는 것이다. 하나님께서 인간에게 심어주신 능력들이 통제력을 벗어났기 때문에 정상적으로 사용되지 못하고 육신과 마귀의 종으로 사용되기에 이르렀다.

내가 볼 때 분명한 것은 거의 모든 죄는 자연적 선(善)이 왜곡되어 지나침에 빠진 것일 뿐이란 점이다. 자존심이 지나쳐 교만이 되었고, 자연스러운 식욕이 지나쳐 과식이 되었다. 수면이 지나치면 게으름이 되고, 성이 왜곡되면 남색이 된다. 사랑이 음행으로 타락하고, 칭찬이 아부로 변하며, 굳은 결의가 완고함으로 변질된다. 자연스러운 어린애들의 장난이 일정 세월이 흐르면 수백만 달러가 걸린 경기로 성장한다. 인생이 심심한 수백만의 성인들은 그 경기의 관람권을 살 돈을 벌기 위해 고생스럽게 일하고, 그 경기에서 신체 건강한 수만 명의 선수들이 관객의 즐거움을 위해 경기를 하다가 목숨을 잃기도 한다.

하나님께는 어려운 일이 없다는 것이 사실이다. 하지만 그분이 인류를 구원하기 위해 힘든 일을 떠맡으셨다고 말해도 틀린 말이 아니다. 우리의 낮은 관점에서 볼 때, 인류의 재창조가 인류의 창조보다 훨씬 더 어려운 일로 보일 것이다. 죄의 도장이 찍힌 인간의 형상을 처음의 형상으로 회복하는 것이 태초에 인간을 하나님의 형상으로 만드는 것보다 훨씬 더 어려운 일로 보일 것이다.

그러나 무한한 지혜로 생각해 낼 수 있는 목적을 이룰 수 있는 무한한 능력이 하나님께 있기 때문에 우리는 불안해할 필요가 전혀 없다. 만군의 여호와의 열심이 그분의 목적들을 이루실 것이다.

하나님의 속량 사역 완성을 위해 절제가 필요하다

하나님께서 속량을 이루기 위해 해결하셔야 했던 것들은 여러 가지다. 공의의 하나님께서 신자들을 의롭다고 하시는 데 걸림돌이 되는 그들의 행위 보고서를 어떻게 처리해야 하는가? 그분과 인간을 어떻게 화해시켜야 하는가? 인간의 본질적 특징들을 그대로 살려둔 채 인간의 영혼을 어떻게 재창조하는가? 그분이 인간의 인격체를 바꿔치기 하지 않고 어떻게 그 안에 거하시는가? 믿는 사람의 자유의지를 훼손하지 않으면서도 그의 마음을 의(義)로 향하게 하는 일을 그의 마음 안에서 어떻게 이루시는가? 이런 문제들의 해결이 우리에게는 불가능하지만, 그분에게는 가능할 뿐만 아니라 전혀 힘들이지 않고 이룰 수 있는 것이다.

여기서 우리는 절제(통제)의 문제를 생각하지 않을 수 없는데, 왜냐하면 속량의 사역이 완전해지려면 왜곡과 지나침으로 자꾸 기울어지는 우리의 근본적 성향이 180도 바뀌어야 하기 때문이다.

그런데 그렇게 되려면 우리의 모든 능력이 거룩해지고

성령의 지도 아래에 놓여야 한다. 그리스도께서 신자의 마음 안에 있는 그분의 보좌에서 그 나름대로 온갖 영역과 관심분야를 가진 인간 영혼의 전체를 다스리셔야 한다. 너무나 오래 끌어온 저주스러운 부절제와 지나침이 이제 종식되어야 한다.

그런 이유 때문에 신약성경의 신학에서 '절제'라는 아름다운 단어는 전략적 차원에서 등장한다. 선박의 모든 부분들이 조화를 이루며 작동하는 가운데 거친 파도를 헤치고 전진하는 거대한 선박을 쉽게 통제하는 사람은 조타수인데, 절제가 바로 그 조타수와 같은 것이다. 절제는 그리스도인의 삶 속에서 그의 모든 능력이 서로 조화를 이루게 해주며, 그의 인격 전체가 그의 전인을 위한 하나님의 계획에 부합하도록 해준다. 그런 삶 속에는 지나침이 끼어들 여지가 없다.

절제를 위한 노력

이제 나는 두 가지를 덧붙여 말하고 싶다. 첫째, 절제는 자동적으로 주어지는 것이 아니다. 성경에서 절제는 성령의 열매 중 하나로 등장한다. 하지만 기도, 성경 읽기, 십자가 지기, 힘든 훈련, 순종 그리고 자기부정이 있어야 절제가 그리스도인의 인격에 견고히 뿌리를 내리게 된다.

둘째, 그리스도 안에 있는 남자와 여자로서 진정한 자기통제에 도달한 사람은 세상에 휘둘리지 않을 것이다. 지나침에서 빠져나오지 못하는 사람들은 그들 주변에서 볼 수 있는 성령충만한 절제의 사람을 좋아하지 않을 것이다. 그들이 그 사람의 사후에 그의 무덤을 만들고 그의 이름을 따서 대학을 세운다 해도 그에게 위로를 전하기에는 한 발 늦은 것이다. 그는 그들 때문에 생전에 힘들게 살았다.

THE WARFARE OF THE SPIRIT

좋은 태도가
승리를 부른다

chapter 19

과도한 자극의
위험성

삶이 자극과 반응이라는 간단한 상호작용에 의해 굴러 간다는 것은 익히 아는 얘기다. 빛이 눈을 자극해서 물체를 보게 되고, 음파가 귀를 자극해서 듣게 되며, 음식이 자극해서 소화과정이 진행된다. 인체의 다른 모든 부분들도 똑같은 원리에 따라 작동한다.

우리의 정서도 자극을 받아서 움직이게 된다. 예를 들어, 아기가 고통을 느껴서 울면 엄마의 마음에 참을 수 없는 연민의 정이 생겨서 엄마는 아기를 편하게 해주려고 신속히 달려가 부드러운 손길로 돌봐준다.

신체적, 정신적 및 영적 차원을 다 포함하는 인간의 전 인격은 적절한 자극을 받아야 비로소 행동을 시작하는 경향이 있는데, 왜냐하면 하나님이 우리 인간을 그렇게 만드셨기 때문이다. 모든 것이 적절한 균형 속에서 유지된다면 우리의 삶은 정상적인 과정으로 진행될 것이다.

과도한 자극이 이끌어가는 시대

자극은 좋은 것이지만, 과도한 자극은 온갖 종류의 정신적 및 육체적 해악을 끼치는 분명한 악이다. 그럼에도 불구하고 최근 몇 년에 걸쳐 과도한 자극이 우리 문명의 한 부분으로 인정받게 되었다. 실로 이제는 그것이 우리 문명의 필요한 한 부분이 되었다. 비정상적 자극의 힘이 떠받쳐주지 않는다면, '우리의 생활방식'이라고 불리는 이 현대의 거대한 구조물은 무너지고 말 것이다.

우리 경제의 박동하는 심장은 소비재의 생산과 판매이다. 공격적 상품광고에 시달리다 지쳐 상품을 구입하는 경우가 아니라면, 대개 사람들은 상품구입에 매우 소극적이다. 그렇기 때문에 매년 천문학적 액수의 돈이 광고비로 쓰이고, 대중의 구매를 유도하기 위해 교묘한 방법들이 사용된다.

내가 볼 때, 이제 미국은 과도한 자극을 받지 않으면 심각한 불황에 빠질 수밖에 없는 지경까지 이른 것 같다. 자극을 중단하면 아마도 판매가 큰 폭으로 감소하여 국가경제가 혼란의 수렁에 빠질 것이다.

그렇다면, 과도한 자극이 국가를 위해 좋은 것인가? 금지약물에 깊이 빠진 중독자에게 마약이 좋은 것이고, 술한 잔 더 하는 것이 알코올 중독자에게 좋은 것이라면, 과도한 자극도 좋은 것이다. 그러나 과도한 자극은 전혀 좋은 것이 아니고, 다만 환자의 건강하지 못한 상태 때문에 어쩔 수 없이 필요한 것일 뿐이다.

자극 중독 증상

과도한 자극으로 흐르는 경향은 도처에서 나타난다. 과거에 사람들에게 만족감을 주었던 연예산업은 이제 사람들을 즐겁게 해주지 못하고 지루함만 안겨준다. 일간신문의 영화 광고란에는 '감질나게 하는', '서스펜스 넘치는', '숨막히는', '오싹오싹한', '폭발적인' 같은 단어들이 난무한다. 최근에 어떤 지역의 작은 극장에서 상영된 아주 등골이 오싹한 영화는 스스로를 "세계 최고의 공포축제!"라고 광고하면서, 무감각해진 시민들이 오면 '백 배 충격의 엽기적

걸작'을 볼 수 있다고 약속했다.

정도의 차이는 있겠지만 자동차, 가구, 서적, 미술, 음악, 의상 같은 분야에서도 나타나는 이런 현상은 일종의 정서적 약물중독이 집단적으로 아주 깊이 진행되었음을 말해 준다.

사람들은 여유 있게 어슬렁거리면서 생각에 빠져 영혼의 문제를 생각할 수 있는 능력을 잃어버렸다. 그들은 외부적인 것에 의해 끊임없이 자극을 받지 않으면 견딜 수 없는 상태가 되어버렸다.

매일 라디오나 TV 드라마에 나오는 등장인물의 인위적 웃음과 울음에 장단을 맞춰 웃고 우는 미국의 주부들이 얼마나 많은가! 그들은 드라마의 등장인물을 정서적으로는 거의 자기 가족만큼 가깝게 여긴다! 이런 현상을 보면 재미있다는 생각도 들고 또 약간 우울해지기도 한다.

지금 나는 배움에 굶주려 있으면서 기꺼이 배우겠다는 겸손한 거듭난 사람들에게 말하는 것이다. 나의 이 글이 만에 하나 어떤 정치인이나 경제전문가나 광고업자의 손에 들어갔다 할지라도 그들이 내 경고에 귀를 기울일 가능성은 전혀 없을 것이다.

'허영의 시장'(Vanity Fair)에 사는 사람들은 그리스도인의 말에 귀를 기울일 것 같지 않다. 그들은 육신의 생각에 사로잡혀 살아가고 있다. 육신의 생각에 대해 사도 바울은 "육신의 생각은 하나님과 원수가 되나니 이는 하나님의 법에 굴복하지 아니할 뿐 아니라 할 수도 없음이라"(롬 8:7)라고 말하지 않았는가?

필요한 자극과 불필요한 자극

그런데 그리스도인에게도 자극은 필요하다. 다음과 같은 구절에서 볼 수 있듯이, 성경은 이것을 아주 분명하고 솔직하게 가르친다.

"그러므로 내가 나의 안수함으로 네 속에 있는 하나님의 은사를 다시 불일듯 하게 하기 위하여 너로 생각하게 하노니"(딤후 1:6).

"매일 피차 권면하여"(히 3:13).

회개를 촉구하고 영적 생활의 진보를 권면하는 것은 게으름에 빠진 사람을 자극해서 하나님과 그분의 의를 추구하도록 하기 위함이다. 그리스도께서도 배고픈 무리를 보셨을 때 불쌍히 여기는 마음이 생기셨다. 바울이 본 환상

즉 "마게도냐 사람 하나가 … 건너와서 우리를 도우라"(행 16:9)라고 청하는 환상은 선교활동을 시작하게 하는 자극제가 되었다. 신약에 나오는 소위 '권면의 구절들'은 도덕적 순종을 이끌어내기 위해 주어졌다.

그러나 지나친 자극은 나쁜 것이다. 매우 감정적인 어떤 기독교 그룹은 감정적 흥분상태를 극도로 끌어올리지 않으면 아무것도 할 수 없는 것 같다. 그들은 그런 감정상태를 성령의 일하심으로 오해한다.

그런데 그런 문제도 심각하지만, 그것보다 더 해롭고 부정직한 것이 있는데 그것을 나는 '신종 플레이보이 타입의 근본주의'라고 부르고 싶다. 이런 근본주의는 초강력 외부 자극에 의해서만 존속한다. 이런 근본주의의 한 그룹은 최근에 그들의 선교대회를 '환상의 선교 쇼'라고 광고했다. 뭔가 잘못 생각하고 있는 이 그룹 사람들은 그들의 잘못된 방법과 신약성경의 정당한 방법 사이의 명백한 불일치를 깨닫지 못하고 있다.

그리스도인들에게 필요한 자극은 하나님의 말씀, 성령의 내주 그리고 기도다. 여기에 덧붙여 바람직한 자극을 하나 더 언급하자면, 그것은 멸망을 향해 달려가는 세상을 구원해야 한다는 어마어마한 당위성이다. 이런 것 이외의 다른 것은 불필요하며, 심지어 위험할 수도 있다.

chapter 20

크리스마스의
의미

어디에서나, 어디에서나

오늘 밤은 크리스마스!

_필립스 브룩스

크리스마스에 대해 들어본 적이 없는 사람이 수억 명이
된다는 사실은 시인이 이 시를 쓰는 데에 전혀 문제가 되
지 않았다. 그는 통계적 사실에 근거하여 시를 쓴 것이 아
니라 그의 개인적 감정을 표현한 것이다.

서방세계에서 우리는 이 시인처럼 사실에 근거하지 않
고 감정적 태도로 크리스마스에 접근한다. 지구상 인구 중
상대적으로 적은 수의 사람들이 크리스마스를 정기적으로

기념하는데, 그들이 크리스마스에 매료되는 것은 크리스마스의 낭만 때문이다.

신학적 의미를 상실한 크리스마스

이 한겨울의 축제에 너무 흥분한 나머지 우리는 그것의 낭만적 매력이 사실상 가장 적은 의미에 지나지 않는다는 것을 잊기 쉽다. 많은 경우 크리스마스의 신학이 화려한 선물 포장지에 가려져 보이지 않지만, 사실 신학적 의미를 상실한 크리스마스는 무의미하다.

신학적으로 건전한 소수의 캐럴은 성육신의 깊은 진리를 살려내지만, 그 밖의 대중적인 크리스마스 음악에는 영원한 진리가 담겨 있지 않다. 아무런 감흥도 불러일으키지 못했던 잉글랜드의 생쥐, 매우 아름답고 사랑스러운 독일의 전나무, 그리고 전혀 내세울 것 없는 미국의 붉은 코 순록이 크리스마스 노래와 시에서 압도적인 자리를 차지하고 말았다. 유쾌한 산타클로스 할아버지와 함께 이런 것들이 기독교 신학을 거의 다 밀어내고 말았다.

그러나 우리는 교회가 진리의 수호자임을 잊지 말아야 한다. 그 진리는 너무나 중대하고 긴급한 것이기 때문에 그

중요성을 아무리 강조해도 지나치지 않다. 그 진리가 너무 방대하고 이해할 수 없는 것이기 때문에 사도조차 그것을 설명하려고 하지 않고 대신 놀라움의 탄성을 발하였다.

크도다 경건의 비밀이여, 그렇지 않다 하는 이 없도다 그는 육신으로 나타난 바 되시고 영으로 의롭다 하심을 받으시고 천사들에게 보이시고 만국에서 전파되시고 세상에서 믿은 바 되시고 영광 가운데서 올려지셨느니라 딤전 3:16

이 사도의 신학을 교회가 인류에게 전하려고 애쓰지만, 교회의 목소리는 희미하고 약하기 때문에, 상업적 목적에서 뗑그렁뗑그렁 울려 퍼지는 〈고요한 밤 거룩한 밤〉에 묻혀 거의 들리지 않는다.

정말 이상한 것은 그토록 많은 사람이 크리스마스에 흥분하지만, 발걸음을 멈추고 크리스마스의 의미를 묻는 이들은 정말 적다는 것이다. 내가 볼 때, 이런 이상한 현상은 사소한 것을 과장하고 매우 중요한 것을 무시하는 인간의 불행한 마음의 태도와 정확히 일치한다. 사람들은 여행을 떠나기 전에 자동차 타이어를 점검하고 지도를 찾아보는 면밀한 모습을 보인다. 하지만, 그런 사람들이 다시 돌이킬 수 없는 인생의 여행길을 가는 중에 잠시 멈추어 "내가 지금 올바른 방향으로 가고 있는 것인가?"라고 묻지 않는 것은 참으로 이상하다!

크리스마스 메시지의 중심

크리스마스에서 이교적 의미를 전부 배제할 때 남는 크리스마스 메시지는 꽤 단순하다. 즉, 하나님께서 인간의 모습으로 오셨다는 것이다!

이 하나의 교리는 다른 모든 의미의 중심이다. 하나님이 정말 오셨는가? 아니면 오시지 않았는가? 오신 것이거나 아니면 오시지 않은 것이다. 오늘날 크리스마스 시즌에 발견되는 감상적 개념과 낭만적 관습을 아무리 많이 긁어모은다 해도 그분이 오셨다는 것도 증명해주지 못하고, 그분이 오시지 않았다는 것도 증명해주지 못한다.

사도시대에 어떤 종교 지도자들은 예수님이 육체로 오신 하나님이시라는 것을 믿지 않았다. 그들은 그분의 영광스러운 인성(人性)을 묘사하기 위해 진정성 없는 아첨의 말을 늘어놓았지만, 그분의 신성을 믿으려고는 하지 않았다.

그들의 기본적 철학은 하나님과 인간의 육체적 결합이라는 것을 받아들일 수 없었다. 그들은 물질이라는 것이 본질적으로 악하다고 말했다. 그들의 주장에 의하면, 흠 없이 거룩한 하나님께서는 악과 접촉하는 것을 받아들이실 수 없었고, 인간의 육체는 물질이므로 하나님께서 육체로 오실 수 없었다는 것이다.

기독교 진리를 부정하는 이런 주장을 반박하는 것은 그리 어려운 일이 아닐 것이다. 물질이 본질적으로 악하다는 그들의 기본적 전제가 오류라는 것을 증명하기만 하면, 그들의 사상체계는 다 무너지고 말 것이다.

그런데 그렇게 한다면 그것은 이성으로 이성에 대항하는 것이며, 경건의 신비를 신앙의 영역에서 빼내어 또 하나의 종교철학으로 만드는 꼴이 될 것이다. 그것은 이성주의를 기독교로 얇게 포장한 것에 불과하다. 아마도 얼마 못 가서 그 얇은 포장이 해어져 결국 우리에게는 이성주의만 남게 될 것이다!

물론 신앙에는 이성적 요소가 있지만 그래도 신앙은 본질적으로 지적인 것이 아니라 도덕적인 것이다. 신약성경은 불신앙이 죄라고 가르치는데, 만일 신앙이 '증거에 근거한 판단'에 불과하다면 불신앙을 죄라고 하지 않을 것이다. 기독교 메시지에 불합리한 것은 없지만, 기독교 메시지는 일차적으로 이성에 호소하지 않는다. 특정 시간에 특정 장소에서 하나님이 육체가 되신 것은 사실이지만, 인간의 양심에 대한 그리스도의 초월성은 역사적인 것이 아니라 친밀하고 직접적이고 개인적인 것이다.

그리스도께서 베들레헴의 구유에서 나신 것은 성육신 사건 이전에 그분이 '모든 사람에게 비치는 빛'으로서 이 세상에 은밀히 임재하셨다는 것과 조화를 이룬다. 이것에 대한 신약의 교훈을 요약해서 표현하자면, "그리스도의 주장은 스스로를 증명한다. 악을 사랑하는 자들만이 그분의 주장을 거부할 것이다"라고 말할 수 있다.

성령의 능력으로 그리스도가 전파될 때마다 심판대가 세워지고, 듣는 모든 이는 복음에 대한 그의 반응에 따라 심판받기 위해 그 앞에 서게 된다. 모든 이는 종교의 역사(歷史)의 교훈에 대해서가 아니라 지금 그에게 결단을 요구하시는 신적 존재에 대해서 도덕적 책임을 져야 한다.

"어디에서나, 어디에서나 오늘 밤은 크리스마스!" 그러나 크리스마스는 대중이 생각하는 것 이상이거나 아니면

아무것도 아니다. 모든 사람은 이 양단간에 하나를 택해야
할 것이다.

chapter 21

뒤는 잠깐 보고
앞을 보라

언젠가 프랑스의 인기 작가는 기념일의 환상에서 벗어나려면 천재에 가까운 지적 능력이 필요하다고 넌지시 말했다.

천재에 가까운 지적 능력이 없는 나로서는 그렇게 시간을 초월하는 마음의 평정 가운데 거하는 정신적 거인을 부러운 눈으로 쳐다보면서, 천체의 회전을 최대한 받아들일 수밖에 없다.

나는 12월 31일 자정에 특별한 일이 실제로는 일어나지 않을 것이라는 점을 잘 알고 있다. 특별한 일이 일어난다면 오직 내 머릿속에서, 그리고 나와 같은 사람들의 머릿속에서만 일어날 것이다. 나는 '새로운 해'(new year)를 머리로 생각하겠지만, 그것은 사람들이 '새로운 것'이라고 불러왔기 때문에 새로운 것일 뿐이다. 12월 31일 자정에 나는 어떤 경계선을 넘어간다고 느끼겠지만, 사실 그런 경계선은 존재하지 않는다. 송구영신이라는 것은 사실 마음에서 일어나는 것이다. 그러나 그럼에도 불구하고 나는 그것의 매력을 완전히 뿌리칠 수는 없다.

돌아보는 것의 유익

유대인들의 신년과 기독교인들의 신년은 서로 다른 날에 시작되는데, 우리는 인간이 해(年)를 기준으로 시간을 세기 시작한 이후 역법(曆法)이 툭하면 바뀌었다는 것을 잊지 말아야 할 것이다. 아무튼 송구영신을 이용해 여유 있는 시간을 갖고 그동안 복잡했던 마음을 정리하는 것은 유익한 일이다. 바로 그런 면에서 송구영신 예배의 진정한 가치가 분명히 존재한다. 물론 일 년 중 어느 날이라도 자정예배를 드릴 수 있겠지만, 우리가 실제로 그렇게 하지는 않는다. 그러므로 우리는 신년예배를 기회로 삼아 우리 자신을 살피고, 과거보다 더 선한 삶을 살 수 있는 힘을 하나님께 구할 수 있다.

지난 일을 돌아볼 때 우리의 구체적인 삶을 살펴보는 것이 마땅하지만, 그런 돌아봄은 짧아야 한다. 왜냐하면 최근에 어떤 흑인 목사가 내가 듣는 데서 말했듯이, 뒤를 돌아보며 산을 오르는 것은 힘들기 때문이다. 어깨 너머로 뒤를 잠깐 돌아보는 것은 좋은 일이다. 그렇게 하면 마음이 진지해지고, 이 땅에서 육체로 행한 것들에 대해 장차 받게 될 심판을 상기하게 된다.

지난 실수와 죄에서 얻는 깨달음

우리 중 어떤 이들은 마음속으로 "내주하시는 성령을 통해 내게 주어질 수 있는 무한한 능력을 고려할 때 나는 그리스도인으로서 작년의 나의 삶을 아주 깨끗이 용서할 수 없구나"라고 생각할 것이다.

그러나 하나님의 선하심에 힘입어 우리는 '우리의 실패의 학교'에서도 배울 수 있다. 성령의 조명을 받은 사람은 그의 실수에서, 아니 심지어 그의 죄에서도 깨달음을 얻을 수 있다. 그가 믿음으로 회개하면, 지나간 해의 잘못 때문에 새해에는 오히려 더 좋은 사람이 될 수도 있다.

물론 과거의 어리석음을 되풀이해서는 안 되겠지만. 회

개는 근본적이고 철저해야 하는데, 잘못된 행위에 대한 최고의 회개는 페넬롱(Fenelon, 1651~1715. 프랑스의 신학자 및 저술가)이 말했듯이 '다시는 그 잘못을 범하지 않는 것'이다. 찰스 웨슬리는 애굽의 바로가 헛되이 회개했다고 말했는데, 왜냐하면 그가 재앙의 때마다 회개했지만 재앙이 사라지면 다시 죄로 돌아갔기 때문이다.

너무 관대하지도 말고 너무 가혹하지도 말라

지나간 해에 있었던 우리의 행위를 냉정히 살필 때 우리는 두 가지 극단을 피하도록 조심해야 한다. 하나는 우리 자신에게 너무 관대한 것이고, 다른 하나는 자신에게 너무 가혹한 것이다.

어떤 이들, 특히 부흥에 대한 자기 나름의 견해에 따라 부흥에 집착하는 일부 형제들이 "우리는 끊임없이 자신을 채찍질해야 합니다"라고 말하지만, 그렇게 한다고 해서 언제나 하나님의 일에 도움이 되는 것은 아니다. 자신에게 벌을 주는 것이 하나님을 기쁘게 해드린다고 믿는 복음주의 고행자는 진리에서 아주 멀리 떨어져 있는 것이다.

그와 반대 방향에서 그만큼 진리로부터 멀리 떨어져 있

는 사람을 찾자면, 그는 "세상에 의인 두 명이 있다면 그것은 나와 내 아들입니다. 만일 의인 하나가 있다면 그것은 바로 나입니다"라고 아주 진지하게 말하는 랍비일 것이다.

자신에게 너무 많은 것을 요구하는 것은 "나는 나의 선천적인 도덕적 능력을 적어도 어느 정도는 믿는다. 나에 대한 확신이 있으므로 하나님에 대한 믿음이 그만큼 약하다"라고 무언으로 인정하는 것이다. 그러나 자기 자신을 깊이 이해하고 있는 사람은 자신에게 아무 기대도 하지 않을 것이고, 만일 어떤 결과를 내지 못해도 실망하지 않을 것이다.

로렌스 형제(약 1614~1691. 파리에 있는 카르멜회 수도원에서 평신도로 봉사했다)는 다음과 같은 고백을 통해 최고의 도덕적 지혜를 보여주었다.

"비틀거리다가 넘어지면 나는 즉시 하나님께 나아가 '오, 주님! 당신이 저를 혼자 내버려 두시면 저는 이렇게 될 수밖에 없습니다'라고 말씀드립니다."

그는 그렇게 말씀드린 다음 그분의 용서를 받아들이고, 그분께 감사하며, 자기 잘못에 대해 더 이상 염려하지 않았다. 마이스터 에크하르트(1260~1327. 독일의 신비가)는 이렇게 말했다.

"우리가 죄를 이기고 죄에서 돌이키면 하나님께서는 우리가 죄를 전혀 범하지 않은 것처럼 대해주실 것이며, 과거의 죄가 우리에게 불리하게 작용하지 않도록 해주실 것이다. 왜냐하면 그분은 현재의 하나님으로서 우리의 과거를 묻지 않고 현재 있는 그대로 대해주시기 때문이다."

물론 이 모든 것은 우리의 진정한 회개와 믿음을 전제로 한다. 그리고 이런 얘기를 하는 것은 죄를 대수롭지 않게 여기기 때문이 아니라 은혜를 강조하기 위함이다.

하나님과 동행하는 앞날

지나간 해에 대해서는 이제 그만 얘기하고 새해에 대해 말해보자. 성경에 3천 가지 약속이 있다고 하는데, 그 약속들을 잘 사용하기만 하면 우리에게 큰 유익이 된다. 그리스도인들은 먼저 가본 사람이 없는 미지(未知)의 땅으로 들어가는 것이 아니다.

"자기 양을 다 내놓은 후에 앞서 가면 양들이 그의 음성을 아는 고로 따라오되"(요 10:4).

순종하여 따라가는 양의 발자국은 언제나 목자의 더 큰 발자국 안에 있게 된다.

우리 앞에 어떤 일이 기다리고 있는지를 아는 것은 전혀 불가능하지만, 그것보다 훨씬 더 중요한 것을 아는 것은 가능하다. 그 중요한 교훈을 우리에게 말해주었던 사람은 지난 세대에 활동했던 예스럽고 경건한 미국의 설교자였다. 그는 "아브라함은 어디로 가야 할지를 알지 못하고 나아갔지만, 자기와 함께 가시는 분이 누구이신지를 알았다"라고 말했다.

　우리는 이 땅에서의 순례의 길이 어떤 것인지, 어디로 가는 것인지를 확실히 모르지만, 우리와 동행하시는 분이 누구이신지는 확실히 안다. 사실 그 밖의 다른 것들은 중요하지 않다.

chapter 22

노래하는
주석

누구나 알겠지만, 주석은 주석가가 쓴 책이다. 주석가는 하나님의 말씀의 의미를 우리가 깨닫도록 그분의 말씀을 설명해 주는 사람이다.

주석을 사용하는 방법을 알면 주석이 유익한 것이지만, 우리가 그 방법을 모를 때에는 주석이 해가 될 수도 있다. 주석의 장점은 보통의 그리스도인들이 스스로의 힘으로 알기 어려운 성경에 대해 배경지식을 제공함으로써 종종 성경연구에 실질적인 도움을 준다는 것이다.

주석의 단점

그러나 주석에게 장점만 있는 것은 아니다. 그것에는 적어도 세 가지 심각한 단점이 있다. 그중 하나는 그것이 즉시 사람들에게 무조건적 권위를 갖게 된다는 것이다. 만일 어떤 주석가의 책이 매우 자주 인용되었고 또 그가 죽은 지 오래되었다면, 그 주석가에게 고마워하는 독자들은 그를 극찬할 것이고, 그의 주석은 기독교 대중에게 큰 권위를 갖게 될 것이다. 존경받는 주석가가 내려주는 결론이 개신교 신자에게 갖는 권위는 종종 가톨릭 신자의 양심을 지배하는 교황 교서의 폭군적 권위와 맞먹는다.

주석의 또 다른 단점은 묵상의 기술을 파괴하는 경향이 있다는 것이다. 이해하기 어려운 성경구절을 만났을 때 깨달음의 때를 기다리며 오랜 시간 그 구절을 사랑하고 묵상하는 것보다는 주석을 찾아보는 편이 훨씬 더 쉽다는 것은 누구나 알 수 있는 사실이다. 고생하지 않고 빨리 지식을 습득하는 습관은 특히 목사에게 나쁜데, 왜냐하면 남의 갑옷을 빌려 입고 설교단에 오르게 만드는 경향이 있기 때문이다. 그가 습득한 지식이 정확한 것이라 해도 그것은 자신의 사색을 통하지 않고 쉽게 남의 것을 가져온 것이기 때문에 그 질이 떨어질 수밖에 없다.

주석의 세 번째 단점, 또는 적어도 주석에 의존하는 습관의 세 번째 단점은 굵직하고 큰 신학적 교리들뿐만 아니라 작고 지엽적인 교리들에서도 획일적인 견해를 확산시킨다는 것이다. 전자는 바람직하지만 후자는 그렇지 않다.

백 명의 설교자가 매튜 헨리(1662~1714. 웨일스 태생의 성경주석가)와 아담 클라크(Adam Clarke, 1762~1832. 영국의 감리교 신학자 및 성경학자)의 주석에 의존해서 설교를 준비하고, 각각의 설교자가 일 년 동안 매주 오백 명의 교인들에게 설교한다고 가정해 보자. 그럴 경우, 수만 명의 그리스도인이 두 명의 선하고 지혜로운 사람의 신학적 견해들을 하나님의 진리로 받아들이게 될 것인데, 그들의 신학적 견해들은 '연구와 추론의 결과물'에 불과한 것일 수도 있다. 물론 나는 그런 주석의 한계들에도 불구하고 주석이 그리스도인이 사용할 수 있는 유용하고 훌륭한 도구라는 것을 부인하지 않는다.

시적 주석

그런데 본격적인 주석들은 대부분 내용이 꽤 무겁다. 그것들은 거의 언제나 걷는다. 때로 뛴다고 해도 빨리 뛰지도 못하고 멀리 뛰지도 못한다. 독수리처럼 날개 치며 솟아오르는 경우는 거의 없다. 그런 이유 때문에 나는 종종 아주 기쁜 마음으로 찰스 웨슬리의 시적(詩的) 주석을 참고한다. 이것은 18세기의 마지막 십 년 동안에 런던에서 인쇄되었던 불과 1,100페이지짜리의 작은 책이다.

웨슬리는 그의 아이디어 중 많은 것이 다른 이들의 것을 빌린 것이라고 인정했지만, 그의 책 전체에는 깊은 경건의 분위기가 흐르고 있고, 하나님과 그분의 영감된 말씀에 대한 뜨거운 사랑의 입김이 그의 책 페이지마다 서려 있다. 그토록 작은 책에서는 진리의 빛나는 최고봉만을 다룰 수밖에 없기 때문에 그의 책이 완전한 주석이라고 결코 말할 수는 없다. 하지만 그래도 웨슬리는 종종 많은 지적 내용을 담고 있지 않으면서도 신앙적 상상력을 깊이 자극하는 적절한 아이디어를 단 하나의 연(聯)에 담아냈다. 그가 출애굽기의 내용을 다룬 부분에서 두세 가지 예를 취해서 소개하겠다.

하나님께서 바로에게 가서 이스라엘 민족의 해방을 요구하라고 모세에게 명령하셨을 때 모세는 "오 주여 나는 본래 말을 잘 하지 못하는 자니이다"(출 4:10)라고 말씀 드렸다. 이에 대한 웨슬리의 담백한 주석을 들어보자.

하나님께서 처음으로 보내시려고 하는 자가

얼마나 갈 준비가 되어 있을까?

그분이 선택하신 도구가

얼마나 겁 많고 소심하고 느린가!

하나님께서 바로의 마음을 강퍅하게 하셨다는 난제에 대해 웨슬리는 다음과 같은 해석을 내놓는다.

주여! 바로의 마음이 제 마음과 똑같다면,

당신의 행하심은 필요 없나이다.

한 순간이라도 제 마음이 홀로 남겨지면

제 마음은, 오호라! 돌로 변해 버립니다.

고심한 흔적을 보이는 수백 페이지짜리 산문(散文)이 쓰였지만, 이 짧은 시만큼 많이, 이 짧은 시만큼 잘 말해주지는 못했다.

웨슬리는 자유의지를 믿은 사람이었다. 하지만 그런 그도 죄인이 회개하기 전에 하나님께서 그 사람의 마음속에서 먼저 은혜의 역사를 일으켜주셔야 한다는 것을 깨달았다. 과연 그답게 웨슬리는 바로가 회개하지 않은 책임이 바로 자신에게 있다고 보았다.

인간이 그토록 강퍅하나이다!
제 속 아주 깊은 곳에 악이 있나이다!
천 번의 징계를 헛되이 받으면,
저는 여전히 당신의 심판에 반항하나이다.
당신이 죄 사함의 사랑으로
제 마음을 부드럽게 해주기를 원치 않으시면,
당신의 모든 심판이 이 죄인을 바꾸어놓는 것도 아니고
이 죄를 없애는 것도 아니나이다.

출애굽기의 극적인 이야기를 읽으면서도 아무 유익을 얻지 못하는 경우가 비일비재하지만, 웨슬리의 곡조 붙은 주석에서는 모든 출애굽 사건들이 그리스도인들에게 의미를 갖는다.

예를 들면, 하나님께서 애굽의 물을 피로 바꾸신 중요한 사건은 더 이상 우리의 생각을 흐리게 하는 문제가 되지 않고 우리의 마음을 비추는 밝은 햇빛이 된다. "그 물이 다

피로 변하고"(출 7:20)라는 말씀에는 다음과 같은 즐거운 설명이 붙는다.

복수가 그분의 무서운 계획이었을 때,

그분이 그들의 물을 피로 바꾸셨도다.

그러나 육신으로 오신 하나님 때문에

그분이 우리의 물을 포도주로 바꾸셨도다!

chapter 23

진리를 보는
우리 눈의 불완전함

　매튜 아놀드(Matthew Arnold, 1822~1888. 영국의 시인 및 비평가)는
"인간의 영혼은 줄에 매달려 있는 거울이기 때문에 미풍만
불어도 빙빙 돌면서 앞에 있는 것을 언제나 반사하지만,
전체의 일부만을 반사할 뿐이다"라고 말했다.

　마음의 거울의 크기는 사람들마다 서로 다르지만, 자기
앞과 둘레의 방대한 전경(全景)을 다 볼 수 있는 사람은 없
다. 정신적 거인이 더 큰 거울을 갖고 있는 것은 사실이지
만, 가장 큰 거울도 사실은 한심할 정도로 작은 것이다.

　자신이 진리를 부분적으로 본다는 것을 아는 사람은 상
황에 맞춰서 겸손한 마음을 품게 된다. 하지만 자신이 진
리를 전부 본다고 생각하는 사람은 지적인 면에서 다른 사

람을 용납하지 못한다. 자신의 견해만이 지혜롭다고 확신
하게 되면, 더 이상의 배움은 즉시 불가능해진다.

누구도 진리를 온전히 볼 수 없다

우리 중 그 누구도 자신이 진리의 전체를 본다고 생각
해서는 안 된다. 모든 진리를 왜곡 없이 동시에 볼 수 있는
눈은 이 타락한 인간의 세계에서 찾아볼 수 없다. 그런 눈
이 심지어 이미 천국에 가 있는 성도들에게서는 찾아볼 수
있을까 하는 의문도 든다. 내가 볼 때, 속량 받아 영광 중
에 있는 사람들에게도 그런 완전한 눈은 주어질 것 같지
않다. 물론 바울이 "지금은 내가 부분적으로 아나 그때에
는 주께서 나를 아신 것같이 내가 온전히 알리라"(고전 13:12)
라고 말한 것은 사실이다.

이 말을 들을 때 우리는, 장차 우리의 몸이 속량 받을 때
우리의 지식이 어마어마하게 늘어날 것이라고 믿게 된다.
그렇지만 절대적 지식이 우리에게 주어질 수 없다는 것은
분명하다. 절대적인 분은 오직 한 분이시다. 무한성은 하
나님께서 그분의 피조물과 나눌 수 있는 속성이 아니다.
아마도 "주께서 나를 아신 것같이 내가 알리라"라는 말은

"주께서 나를 아신 것만큼 내가 온전히 알리라"라는 뜻이
아니라 "직접적 체험을 통해서 내가 알리라"라는 뜻일 것
이다.

부분적 진리와 교단들

어떤 이는 기독교라는 거대한 집단을 이루고 있는 그리
스도인들의 기질이 서로 다르기 때문에 서로 다른 교단들
이 생겨난다는 이론을 주장했다. 그의 주장에 의하면, 새
신자들은 그들의 기질과 가장 잘 들어맞는 분위기를 만들
어주는 교리와 신앙적 특징들을 제공하는 사람들과 어울
리려고 하는 경향이 있다는 것이다.

이것이 흥미로운 가설이기는 하지만, 모든 것을 설명해
주지는 못한다. 만일 어떤 사람이 교파를 세웠다면, 그 교
파는 그 사람의 '길게 늘어난 그림자'일 뿐이다. 그 사람
은 어떤 진리에 대해 강한 확신을 갖고 있었던 것이 분명
한데, 만일 그런 확신이 없었다면 애당초 교파를 세우지도
않았을 것이다. 태어나면서부터 그 교파에 속하게 된 사람
들은 다른 교리들이 있다는 것조차 모른 채 그 교파의 교
리를 받아들이게 된다. 나처럼 비기독교 가정에서 태어나

교파적 선호(選好)나 선입견 없이 회심하여 그리스도를 믿게 된 독립적인 사람은 처음 접하게 되는 가장 가까운 교파에 집착하는 경향을 보인다.

새로 믿게 된 신자는 교훈에 목말라하기 때문에 설교단에서 떨어지는 메시지는 무엇이든지 다 받아들인다. 그러다 보면 굵직한 교리들뿐만 아니라 교파 특유의 선호 교리까지 받아들이게 된다. 머지않아 그는 그 교파 특유의 언어를 사용할 것이고, 그 언어를 그 교파 특유의 말투로 말하게 될 것이다. 그리고 그는 언어 자체와 말투를 모두 똑같이 판단의 기준으로 사용하여 다른 모든 그리스도인의 영성과 정통성을 판단할 것이다.

불행하게도, 종종 새 신자를 위한 교리교육이 부분적 진리를 철저히 주입하는 것에 불과한 경우가 많다. 그리고 거기에는 그 부분적 진리가 그가 알아야 할 진리의 전부라는 무언의 암시도 있게 된다. 나는 우리가 의도적으로 그렇게 한다고 믿지는 않지만, 유감스럽게도 그런 일이 너무 자주 일어난다. 그러다 보니 도토리에서 필연적으로 참나무가 생기듯이 협소함, 무관용 그리고 완고함이 필연적으로 생겨난다.

나는 "본질적인 것들에서는 연합을, 비본질적인 것들에서는 관용을!"이라는 모토를 보았다. 하지만 이 모토를 실천하는 사람이나 교회를 찾는 내 수고는 헛된 것이 되고 말았는데, 그 한 가지 이유는 무엇이 본질적인 것인가의 문제에서 그리스도인들의 견해가 갈라지기 때문이다. 그들은 자기가 믿은 부분적 진리가 본질적인 것이고 다른 이들이 믿는 것은 비본질적인 것이라고 믿기 때문에 결국 우리는 다시 원점에 서게 된다.

내가 볼 때, 그리스도인들 사이의 연합은 주님의 재림 때까지 불가능하다. 연합을 가로막는 요인들이 너무 많기 때문이다. 하지만 우리 모두가 더욱 겸손한 마음으로 진리에 접근하면 지금보다는 더 큰 연합을 이룰 수도 있을 것이다. 모든 것을 다 아는 사람은 없다. 성자, 학자, 개혁가 그리고 신학자도 다 알지 못한다. 지혜의 왕관을 썼다고 말할 수 있는 솔로몬조차 알지 못하는 것이 있었다는 것은 틀림없다.

진리와 진리들

진리가 단수로도 표현되고 복수로도 표현된다는 것을

알면 우리에게 도움이 될 것 같다. 성경에 '진리'와 '진리들'이라는 표현이 나오는데 모두 성령의 감동으로 기록된 유익한 것이지만, 모두 다 똑같이 분명한 것은 아니다. 선하고 위대한 사람들이 어떤 성경 본문에 대해서 서로 의견을 달리했지만, 하나님의 뜻에 따라 그들의 세대를 위해 봉사하고 잠들었다.

그리스도께서는 "내가 … 진리들이요"라고 말씀하시지 않고 "내가 … 진리요"(요 14:6)라고 말씀하셨다. '진리'와 '진리들'이 모두 그분 안에 있다. 그분을 아는 것은 살아 있는 체험을 통해 '그 진리'(the Truth)를 아는 것이지만, 모든 진리를 지적으로 아는 것은 아니다. 성경에서 하나의 진리를 보고 그것을 '그 진리'로 오해하는 잘못을 범하지 않도록 조심하자. 그 둘 사이에는 엄청난 차이가 있다.

아르미니우스주의자 존 웨슬리가 편집한 찬송가책에 나오는 칼빈주의자 아이작 왓츠와 뉴턴과 윌리엄 카우퍼(1731~1800. 영국의 시인)의 찬송가를 볼 때마다 나는 큰 기쁨을 느꼈다. 웨슬리의 찬송가 중 적지 않은 것들이 이미 1823년에 출간된 아이작 왓츠의 찬송가와 밀접한 관계가 있다.

웨슬리의 임종에 대해 이런 이야기가 전해진다. 죽어갈

때 그가 무슨 노래를 부르려고 했지만, 그의 목소리가 들릴 듯 말 듯 했다. 어떤 사람이 허리를 굽혀 귀를 갖다 대었고, 웨슬리의 입술에서는 왓츠의 찬송가가 희미하게 흘러나왔다고 한다.

호흡이 있는 동안 내 조물주를 찬양하리.
죽음이 내 목소리를 앗아가도
찬양은 나의 더 고귀한 능력들을 사용할 것이라.

그런 순간에 첨예한 신학 문제들이 중요했겠는가?

chapter 24

그리스도의 교훈은
그리스도인을 위한 것이다

세계가 완전한 멸절을 피하려면, 또는 멸절에 가까운 재앙을 피하려면 예수 그리스도의 윤리에서 도움을 구해야 한다는 말이 지금 돌고 있다. 그런 주장을 하는 사람들의 논리는 이렇다.

"지난 세기에 인간은 눈부신 과학적 성과를 이루었지만, 도덕적으로는 많이 뒤처졌다. 이제 인류는 세상을 멸망시킬 기술을 갖고 있으면서도, 그런 파국을 막을 도덕적 자제력은 없다. 세상의 나라들이 평화와 선의의 정신으로 충만하지 않으면, 무력 사용을 좋아하는 어떤 정치인이 그의 빛나는 새 장총을 화약고에 난사하여 세상을 날려버릴 수도 있다."

핵전쟁의 공포

그 화약고에 저장되어 있는 것은 핵폭탄이다. 세계적 핵전쟁에서 어쩌다가 살아남은 사람들이 있다고 해도, 그들은 머리털도 없고 이도 없는 기형적 돌연변이 생명체의 종족, 즉 인간이라고 할 수 없는 이상한 종족을 퍼뜨릴 것이라는 말도 나온다.

공포만화 작가들의 상상력에 힘입어 우리는 앞으로 수세기 후에 '스트론튬 90'(스트론튬의 방사성 동위원소)의 비극적 희생자들이 원숭이처럼 끙끙 앓는 소리를 내면서 폐허더미로 변한 뉴욕이나 런던에 수북이 쌓인 돌무더기를 할퀴는 모습을 상상하게 된다. 그들은 폐허더미에서 집어 든 조각들의 역사적 의미를 전혀 알지 못하므로 짜증을 내며 그것들을 저쪽으로 던져버릴 것이다.

인간에 대한 일말의 동정심이라도 있는 사람은 핵전쟁의 결과를 상상하면 그 끔찍한 결과에 극도의 공포와 혐오를 느낄 것이고, 미래의 언젠가 그 지옥불 같은 고통을 당하게 될지도 모르는 사람들을 무한히 불쌍히 여기게 될 것이다. 핵전쟁이 일어난다면 그것은, 오랜 세월을 이어져 내려온 인간의 인간에 대한 잔학무도함이 현대과학의

첨단발명품을 통해 극도의 공포를 현실화하는 것이 될 것이다.

그런데 만일 우리 그리스도인들이 불신자들의 불길한 예측에 극도로 겁을 먹는다면, 참으로 어리석은 일이다. 물론 우리는 핵에너지가 이론상으로는 인간을 포함하여 지구상의 모든 생물을 쓸어버릴 수 있다는 것을 잘 안다. 하지만 또한 우리는 그런 전대미문의 재앙이 일어나지 않을 것이라는 점도 잘 알고 있다.

더 나아가 우리는 어마어마한 방사능 과다노출에 의해 탄생할지도 모르는 인간 이하로 추락해 버린 이상한 돌연변이 종족이 지구상에 거하는 일도 일어나지 않을 것임을 잘 안다.

성경의 교훈

우선, 성경은 우리가 다른 방법으로는 도저히 배울 수 없는 것을 가르쳐준다. 성경은 우리가 무엇인지, 우리가 누구인지, 우리가 어떻게 여기에 왔는지, 우리가 왜 여기에 있는지, 그리고 우리가 여기에 있는 동안 무엇을 해야 할지를 말해준다.

성경은 태초부터 지금까지의 역사를, 그리고 지금부터 앞으로 수백 년 또는 수천 년의 역사에 대해 말해준다. 성경은 우리가 원자시대에 들어온 다음 우주시대를 거쳐 황금시대에 이를 때까지 우리를 따라다닌다. 성경의 계시에 의하면, 장차 적절한 때가 이르면 세상의 지배권이 인간의 손에서 떠나 세상을 다스릴 지혜와 능력을 홀로 가지신 분의 손으로 넘어갈 것이라고 한다.

이것과 관련된 세부 사항에 대해서는 내가 여기서 언급하지 않을 것인데 왜냐하면 그 세부 사항이 거룩한 선지자들과 사도들의 글에서, 그리고 이 땅에 오셨던 그리스도의 말씀에서 아주 충분히 언급되었기 때문이다.

내가 여기서 강조하고 싶은 한 가지 중요한 진리는 군대지도자들이 그들의 마지막 미사일을 쏘아올리고 그들의 마지막 포탄을 투하한 다음에도 이 지구상에는 살아남은 사람들이 있을 것이라는 점이다. 인류가 아마겟돈이라는 대살육을 거친 후에도 이 땅에는 인간이 존재할 것이다. 기형적 생명체가 아니라 당신과 나 같은 정상적 인간 말이다.

이 세상이 멸절을 피할 수 있는 방법이 오직 예수 그리스도의 윤리를 받아들이는 것뿐이라면, 우리는 차라리 최악의 상황을 받아들일 마음의 준비를 해야 할 것이다. 왜 냐하면 인류의 상당 부분이 극렬히 반기독교적인 이데올 로기를 받아들인 공산주의자들에 의해 지배되고 있기 때 문이다. 그들은 자신들에게서 기독교의 흔적을 전부 지워 버리겠다고 굳게 마음먹고 있다. 공산주의자가 아니라 할 지라도 인류의 다른 수많은 구성원도 비기독교적이며, 그 들의 비기독교적 입장을 바꿀 생각을 조금도 안 한다.

서방 국가들은 기독교에게 입으로는 좋은 말을 하지만, 그 국가들의 지도자들은 거의 전부 이기심과 탐욕과 야망 과 교만과 정욕의 노예가 되어 있다. 그들이 때때로 그리 스도에 대해 좋게 말하지만, 그들의 행동을 보면 그들이 그분의 교훈에 별로 영향을 받지 않는다는 것은 거의 틀림 없는 사실이다.

뉴스가 아닌 성령의 음성에 귀 기울여라

국가들이 예수님의 윤리를 받아들이고 무장을 해제하고 형제처럼 살기를 바라는 것은 매우 비현실적이고 순진한 환상이다. 우선, 예수님의 교훈들은 세상의 열방을 위한 것이 아니다. 우리 주님이 그분의 추종자들을 온 세상으로 보내신 것은 사람들을 제자로 만들고 세례를 주도록 하기 위함이다.

제자가 된 사람들은 그리스도의 계명을 지키라는 가르침을 받아야 했다. 그런 가르침을 받은 사람들은 세상에서 소수의 무리 즉 특이한 무리가 될 것이다. 그들은 세상 안에 있지만 세상에 속하지 않을 것이고, 때로는 관용의 대상이 되지만 더 많은 경우에는 멸시와 박해를 받을 것이다. 사람들이 복음을 받아들인 곳에서는 어디에서나 그런 일들이 실제로 일어났다는 것이 역사의 교훈이다.

거듭나고 정결케 되고 성령의 인도를 받는 그리스도의 추종자들에게나 가능한 행위를 한번 태어난 사람들로 구성된 나라에게 기대하는 것은, 기독교의 진리를 더욱 이해하기 어렵게 만드는 것이자 불가능한 것을 꿈꾸는 것이다. 성경에서 이 땅의 나라들은 사자, 곰 그리고 표범으로 상징된다. 그와 대조적으로 그리스도인들은 목자 옆에 가까이 붙어 있어야만 생존할 수 있는 평화로운 양에 비유된다. 양이 곰처럼 행동할 수 없는 것이 당연하다면, 곰이 양처럼 행동하기를 기대하는 것은 잘못이다.

우리 그리스도인들이 뉴스 해설자의 말을 덜 듣고 성령

의 음성에 더욱 귀를 기울이면 좋겠다. 성령의 감동을 받은 선지자들은 성령의 감동을 받지 못한 과학자들에 대항하는 해독제 역할을 하게 될 것이다.

chapter 25

좋은
독서 습관

내가 이제까지 보아온 것에 따르면, 미국의 일반적인 그리스도인들의 독서 습관은 비참할 정도로 좋지 않다. 어느 정도로 좋지 않은가 하면, 신자 개인의 영적 발전을 실제로 가로막고 그가 고백하는 신앙의 진보를 방해하는 수준이다.

인쇄되어 나온 책이 사람의 인격에 미치는 영향은 매우 크기 때문에 좋은 책을 읽는 것은 특권일 뿐만 아니라 의무이기도 하다. 반면, 나쁜 책을 자주 읽으면 지극히 나쁜 영향을 받게 된다.

물론 나는 여기서 황색신문(흥미 본위의 선정적 신문)의 영향력을 논하지 않을 것이다. 참된 그리스도인 중에 길거리

모퉁이의 신문판매대나 좁고 어둑어둑한 가게에서 비밀리에 거래되는 음란서적을 읽을 정도로 저급한 사람은 없을 것이라고 나는 믿는다.

내가 말하는 형편없는 책이라는 것은 기독교 서적이라는 이름으로 다양한 출판사들에서 쏟아져 나오는 쓰레기 같은 신앙 서적을 가리킨다. 기존에 출판된 저급한 서적들이 만들어 놓은 시장의 욕구를 충족시키기 위해 이런 서적들은 매년 대량으로 쏟아져 나오고 있다.

나쁜 책을 분별하라

이런 쓰레기 같은 신앙 서적은 대부분 픽션으로 다음과 같은 세 가지 목적에 기여한다. 첫째, 그런 책을 쓰는 복음주의적 소설가들의 은행 잔고를 늘려준다. 둘째, 출판사들이 계속 돌아가도록 만들어준다. 셋째, 진지한 내용을 다루는 책은 이해하기 어려워 피하면서도 변질된 정신적 양식은 새끼고양이가 크림을 핥아먹듯이 게걸스럽게 먹는 '반(半) 그리스도인'의 악한 취향, 적어도 저급한 취향을 만족시켜준다.

쓰레기 같은 신앙 서적과 크림 사이에서 선택하라면 나

는 차라리 새끼고양이처럼 크림을 선택할 것인데, 왜냐하면 크림은 맛과 영양이 모두 있기 때문이다. 하지만 보통의 기독교 소설은 영양이 전혀 없다. 사실 문학이라고 할 수도 없고 기독교적인 것이라고 할 수도 없는 소위 기독교 문학에 길들여져 처음부터 입맛을 버린 일부 사람들만 기독교 소설을 좋아한다.

만일 신앙적으로 뒷걸음질 친 그리스도인이 어떤 이야기에 나오는 남학생이 지리책 뒤에 삼류 소설을 감추어 읽듯이 나쁜 책을 남몰래 읽는다면, 우리는 그 그리스도인이 나중에라도 정신을 차리고 돼지우리를 떠나 아버지의 집으로 돌아오기를 희망할 수 있을 것이다.

그러나 나쁜 책들이 거의 모든 교회에서 복음주의 그리스도인들을 위한 공식 커리큘럼의 일부가 된다면, 문제는 보통 심각해지는 것이 아니다. 정신연령으로 쳤을 때 9세 이하 정도밖에 안 되는 책들이 기독교 출판계에서 명작으로 불리며 극찬의 대상이 된다면 우리는 도대체 어떻게 해야 하는가?

현재 기독교 작가들은 한 세대 전에 유행했던 멜로 드라마의 사랑 이야기와 등골이 오싹한 모험 이야기를 다시 끄

집어내어 재탕해서 작품을 쓴다. 그들은 "여보게, 파트너, 그 총을 내려놓게!" 같은 대사가 나오는 부자연스러운 장면들 사이에, 또는 남녀의 뜨거운 포옹들 사이에 신앙적 대화를 조금씩 끼워 넣어 경건한 분위기를 풍기게 하지만, 그들의 작품은 사실상 너무 저질적이기 때문에 우리는 말문이 막힌다.

자신의 독서 습관에 대해 누구에게도 간섭받을 필요가 없는 기독교 대중은 자기들이 좋아하는 책들을 거리낌 없이 읽는다. 내가 볼 때, 그들은 저급한 책들을 좋아한다. "네가 쓸데없는 책에 중독되어 시간과 정력을 낭비하는 것 아니냐?"라는 양심의 소리가 들리면, 그들은 즉시 "사실상 모든 이들이 이런 책들을 괜찮다고 하지 않는가? 거의 모든 기독교 출판사에서 출판되고 모든 서점에서 팔리지 않는가?"라는 말로 자신을 합리화한다. 희미한 한 줄기 양심이 이런 거대하고 잘못된 흐름에 맞서 싸워봤자 승산은 없다.

이런 이상한 경향은 현재 우리 가운데 퍼져 있는 잘못된 철학과도 잘 들어맞는다. 이 철학은 "기독교 책이라면 아무것이나 읽어도 전혀 읽지 않는 것보다는 낫다"라고 말한다. 결국 우리는 지적이지 못하고 미숙하고 완성도가 많이 떨어지는 그렇고 그런 졸작들을 계속 만들어낸다. 그런 작품들은 작품 속의 어느 부분에서 누군가 "모든 이들은 거듭나야 한다"라는 메시지를 던져주기만 하면, 그 밖의 모든 것들은 전혀 문제가 되지 않는다는 잘못된 전제에서 출발한다.

책이 내용과 문체가 아무리 형편없다고 해도 복음을 높이는 충성스러운 찬사를 간간이 끼워 넣으면, 복음주의 지도자들은 그 책을 좋게 평가해주며 출판을 축하해 줄 것이다. 책이라고 불러주기도 힘든 기독교 서적이 이제는 복음주의 서적의 대명사가 되어버렸다고 말해도 지나친 말은 아닐 것이다. 가톨릭 신자들과 자유주의자들이 양질의 서적을 독점하고 있는 현실을 바라보면 탄식이 절로 나온다.

양서를 읽지 않는 이유

오늘날의 복음주의 그리스도인들은 양서를 읽기를 왜 그토록 부담스러워할까? 지금의 복음주의자들이 2백 년 전의 그들의 영적 조상보다 지적 능력이 떨어지기 때문일까?

첫 번째 질문에 대한 대답은 어느 정도 복잡할 수밖에 없지만, 두 번째 질문에 대해서는 "결코 그렇지 않다!"라고 잘라 말할 수 있다. 왜냐하면 세대가 바뀌면서 지적 능력이 점점 줄어드는 것은 결코 아니기 때문이다. 우리는 우리의 조상만큼 머리가 좋다. 우리가 충분한 관심을 갖고 노력하면 조상만큼 훌륭한 사상을 만들어낼 수 있다.

현재 기독교 서적들의 질이 떨어지는 주요 원인은 지적인 것이 아니라 영적인 것이다. 훌륭한 기독교 서적을 읽으려면 세상을 멀리하고 하나님을 가까이하는 영성이 어느 정도는 되어 있어야 하지만, 현대의 그리스도인들 중 그런 이들은 아주 드물다. 기독교 초기의 교부들, 신비가들, 청교도들은 이해하기에 어려운 것이 아니다. 다만 그들은 산소는 희박하지만 공기는 상쾌한 고산지대에 살고 있다. 그곳은 하나님께 매료된 사람들이 아니면 오를 수 없는 곳이다.

우리는 고산에 오르지 않고 계곡의 바닥에서 1미터쯤 올라간 곳에 우리의 작은 동굴을 파는 편을 택한다. 우리의 영적 분위기와 감정은 저급하다. 우리는 먹고 마시고 일어나 뛰어논다. 이야기의 형태로 제시되는 신앙적 교훈은 받아들이고, 깊은 생각을 요구하는 교훈은 지겨워한다. 그리고 작가들과 출판사들은 우리의 육신적 취향에 맞는 쓰레기 같은 서적을 출판함으로써 우리의 저질화를 부채질한다.

"오, 너희 미국인들이여! 너희를 향하여 우리의 입이 열리고 우리의 마음이 넓어졌도다!"(고후 6:11 참조)

"읽는 것…에 전념하라"(딤전 4:13).

chapter 26

교회의 개혁이
필요하다

교회의 눈은 교회의 머리요 주님이요 모든 것이신 그리스도께 향해야 한다.

그런 다음에는 자신을 보아야 하고 또 세상을 보아야 하는데, 자신을 보는 것과 세상을 보는 것 사이에서 균형을 잘 잡아야 한다.

자신을 본다는 것은 자기중심적으로 된다는 것을 의미하지 않는다. 교회가 자신을 본다는 것은 자기가 믿음 안에 있는지를 확인하기 위해 계속 자신을 살핀다는 것이다 (고후 13:5 참조). 교회는 자신을 기꺼이 고치겠다는 자세로 자신을 엄하게 비판해야 한다. 항상 회개하는 마음으로 혼신의 힘을 다해 하나님을 찾아야 한다. 자신의 삶과 행위를 성경에 비추어 살피면서 하나님의 뜻에 합당한 삶을 살아야 한다.

교회가 세상을 본다는 것은 교회가 왜 이 땅에 있어야 하는지를 알아야 한다는 것을 의미한다. 교회는 온 인류에게 빚을 지고 있다는 것을 인정해야 한다(롬 1:14,15). 그리고 교회는 주님의 말씀 즉 "너희는 온 천하에 다니며 만민에게 복음을 전파하라"(막 16:15)라는 말씀과 "오직 성령이 너희에게 임하시면 너희가 권능을 받고 예루살렘과 온 유대와 사마리아와 땅끝까지 이르러 내 증인이 되리라"(행 1:8)라는 말씀을 진지하게 받아들여야 한다.

회심자는 전도자를 닮는다

교회의 사명은 두 가지인데 하나는 온 세상에 기독교를 전파하는 것이고, 다른 하나는 그 기독교가 신약이 가르치는 순수한 교회가 되도록 하는 것이다.

원칙적으로 말하자면, 전도자들이 뿌리는 씨앗이 하나님의 말씀이므로 전도자들의 영적 상태와 상관없이 동일한 종류의 열매를 맺어야 하겠지만 실제로는 그렇지 않다. 이교도들에게 똑같은 메시지를 전한다 해도 전도자들의 경건의 정도가 서로 다르기 때문에 회심자들도 달라진다. 전하는 자들의 순수함과 능력에 따라 서로 다른 기독교가 전파된다.

우리는 우리와 닮은 기독교를 전하게 된다. 세상적인 마음을 가진 신령하지 못한 교회가 바다를 건너가 다른 언어와 다른 문화를 가진 민족들에게 복음을 전하면, 그런 교회를 닮은 기독교가 바다 건너에 생기게 된다.

전파되는 말씀 자체뿐만 아니라 그것을 전하는 사람의 인격이 회심자의 질(質)을 결정한다. 교회는 자기 자신을 옮겨 심는 것 이상을 할 수는 없다. 어디를 가든 교회는 자기 같은 교회를 심게 된다. 야생능금을 다른 나라로 옮겨 심는다 해도 그라임즈 골든(늦가을에 익는 황색종의 사과)이 되는 것은 아니다. 하나님께서 그분의 법을 모든 생명에게 깊이 새겨 넣으셨기 때문에 모든 것은 자기와 똑같은 것을 낳는 법이다.

교회의 첫 번째 사명이 복음을 땅끝까지 전하는 것이라는 생각은 잘못된 것이다. 교회의 첫 번째 사명은 복음을 전할 수 있는 영적 준비를 하는 것이다. 우리 주님은 "가서"(마 28:19)라고 말씀하셨지만, 또한 "기다리라"(행1:4)라고

도 말씀하셨다. '가는 것'보다 '기다리는 것'이 먼저 있어야 했다. 만일 제자들이 오순절 날이 이르기 전에 먼저 선교사로 나갔다면 엄청난 영적 재앙이 일어났을 것이다. 왜냐하면 그럴 경우 그들은 고작해야 그들을 닮은 회심자를 만들어냈을 것이고, 그것은 서양 세계의 온 역사를 나쁜 쪽으로 흘러가게 하여 결국에는 그 후 세대들에게 악영향을 끼쳤을 것이기 때문이다.

개혁이 일어나야 한다

이교의 나라들에게 저급하고 쇠약해진 상표가 붙은 기독교를 전파하는 것은 그리스도의 명령을 수행하는 것도 아니고 이교도에 대한 우리의 의무를 다하는 것도 아니다. "너희는 교인 한 사람을 얻기 위하여 바다와 육지를 두루 다니다가 생기면 너희보다 배나 더 지옥 자식이 되게 하는도다"(마 23:15)라는 예수님의 무서운 말씀이 내 머릿속에서 떠나지 않는다.

이방인 나라의 사람들을 유대교로 개종시키는 것은 지극히 선하고 옳은 일이었다. 이스라엘이 높은 영성의 상태를 유지하고 있었을 때는 수천 명의 사람들이 모세의 종교로 개종하는 복을 얻었다. 하지만 그리스도께서 이 땅에 오셨을 때 유대교의 영성은 너무 낮은 상태로 떨어져 있었기 때문에 유대교의 선교는 선한 결과를 못 내고 오히려 해악을 끼쳤다.

"정상적 수준을 밑도는 힘없는 교회는 선교활동을 하지 못할 것이다"라고 말한다면, 그 말이 논리적으로 맞는 말로 들릴 것이다.

하지만 현실은 그 말대로 되지 않는다. 이미 오래전에 도덕적 열정을 모두 잃어버린 기독교 그룹들이 여전히 자국에서 성장하고 있고, 또 다른 나라들로 가서 자기와 똑같은 기독교를 만들어내고 있다. 현재, 세계의 낙후지역의 민족들에게 가서 놀라운 선교적 성공을 거두지 않는 기독교 비주류 소종파(小宗派)나 이단은 거의 없다.

최근 여러 해 동안 기독교의 복음주의 진영도 주목할 만한 정도로 세상에 관심을 보였다. 지난 20년 동안 해외 선교현장에서 복음주의 교단의 선교활동은 무섭게 증가했다. 그러나 이 모든 현상에는 한 가지 위험한 맹점이 있다. 그것은 우리의 상표가 붙은 기독교를 가지고 지구상의 마지막 종족에게 가서 선교하기만 하면 세상이 복음화될 것이라는 순진한 생각이다. 우리는 그런 착각에 빠지면 안 된다.

현재 적어도 미국에서 복음주의 기독교는 비참할 정도로 신약의 기준에 미치지 못한다. 세속성이 이미 우리의 생활방식의 일부로 받아들여져 있다. 우리의 신앙생활은 영적 분위기가 아니라 사교적 분위기를 풍긴다. 우리는 경배의 기술을 잃어버렸다. 성도를 만들어내지 못한다. 우리가 선망하는 사람들은 성공한 사업가, 유명 운동선수 그리고 유명 연예인이다. 우리는 현대의 광고 기술을 이용해 기독교 사역을 한다. 우리의 가정은 영화관으로 변했고, 기독교 서적은 얄팍하기 그지없으며, 우리의 찬송은 신성모독에 가깝다.

그럼에도 불구하고 이런 모든 현상에 대해 고민하는 사람은 거의 없는 것 같다. 우리의 기독교가 즉시 변하지 않으면 앞으로 반세기가 다 가기 전에 기독교라는 것이 전혀 남아 있지 않게 될지도 모른다. '반(半) 그리스도인'의 숫자가 늘어나는 것으로는 문제해결이 안 되기 때문에 개혁이 일어나야 한다.

chapter 27

우리의 해와
우리의 날

이 글이 인쇄되어 나온 후 며칠이 지나면, 우리 주님의 묵은해는 다시는 돌아오지 않을 과거의 그늘 속으로 들어가 버린 해들과 세기들의 긴 행렬에 합류해 있을 것이다.

지난해에 세계는 역사(歷史)를 썼지만, 그 역사는 잉크로만 기록된 것이 아니라 피와 눈물로 기록되었다. 조용한 서재에서가 아니라 도시의 길거리와 국경선에서 폭력과 테러와 죽음 가운데 기록되었다. 반면 그토록 거칠지 않으면서 꽤 의미 있는 역사도 쓰였는데, 그것은 인간이 만든 물체를 쏘아 올려 달과 태양의 주위를 돌게 한 믿기 힘든 위업을 달성한 것이다.

각자 자신의 역사를 쓰고 있다

그러나 더욱 중요한 것은 우리 각 사람이 역사를 써 왔다는 것이다. 교회가 역사를 만들었다는 것이 당신과 내가 역사를 만들었다는 것만큼 의미 있지는 않다. 집단이 무엇을 이룰 수 있었던 것은 오로지 그 집단의 구성원 각자가 일을 했기 때문이다. 하나의 그룹이 그 그룹 전체로서 일할 수는 없다. 그리고 그 그룹이 하나의 전체로서 심판받는 것도 아니다. 성령의 감동으로 성경을 기록한 바울은 개인이 홀로 심판받게 될 것을 강조하기 위해 집단이 아닌 개인에 대해 말했다.

각 사람의 공적이 나타날 터인데 그 날이 공적을 밝히리니 이는 불로 나타내고 그 불이 각 사람의 공적이 어떠한 것을 시험할 것임이라 만일 누구든지 그 위에 세운 공적이 그대로 있으면 상을 받고 누구든지 그 공적이 불타면 해를 받으리니 그러나 자신은 구원을 받되 불 가운데서 받은 것 같으리라 고전 3:13-15

바울의 말은 계속 이어진다.

이는 우리가 다 반드시 그리스도의 심판대 앞에 나타나게 되어 각각 선 악간에 그 몸으로 행한 것을 따라 받으려 함이라 고후 5:10

그 심판의 날에 우리가 무리 속에 숨는 것은 불가능할 것이다. 그 때 우리 각 사람은 자기의 역사책을 팔에 끼고 심판대 앞으로 나오게 될 것이다. 그러므로 우리는 지난해에 우리가 쓴 책을 경건한 마음으로 덮어야 하는데, 왜냐하면 그 심판의 날에 다시 펴 보아야 할 것이기 때문이다.

올해를 다 사는 복을 누린 각 사람에게는 하나님께서 365일을, 즉 8,760시간을 다시 허락하실 것이다. 그 8,760시간 중 2,920시간은 잠을 자면서 보내게 될 것이고, 또 대략 그만큼의 시간은 일을 하면서 보내게 될 것이다. 그리고도 남는 또 그만큼의 시간은 장래의 그 날을 위해 경건히 준비하라고 주어진 시간이다. 그 날이 되면 날과 해가 멈출 것이며, 시간이 더 이상 존재하지 않게 될 것이다. 모세는 "우리에게 우리 날 계수함을 가르치사 지혜로운 마음을 얻게 하소서"(시 90:12)라고 기도했는데, 이 하나님의 사람의 기도만큼 영적으로 더 적절한 기도가 또 있을까?

우리의 모든 날은 하나님 은혜의 선물이다

우리의 모든 날이 순전히 하나님의 자비로 말미암아 우리에게 주어진다는 것을 기억하는 것이 중요하다. 우리의 모든 날은 우리의 노력으로 얻은 것이 아니며, 자격이 있어서 얻은 것도 아니다. 하지만 우리가 그것들의 가치를 제대로 알지 못하는 것 같아 나는 두려운 마음이 든다.

죄 때문에 우리의 삶은 언제 끝날지 모르는 운명에 처해 있다. 하나님께서 우리에게 빚을 지고 계신 것이 아니다. 흘러가버린 한 해의 죽음을 알리는 종소리가 울리는 것이 정당하듯이, 그 종소리가 우리의 죽음을 알리는 것도 마찬가지로 정당하다. 오직 하나님의 무한한 선하심에 힘입어 우리가 죽지 않고 살아서 서로의 얼굴을 보는 것이다. 매년 주어지는 새해는 은혜의 선물이며, 매일 주어지는 새날은 우리의 공로 없이 주어진 보너스이다.

우리는 새날이 주어지는 것이 당연하다고 여기는 경향이 있는 것 같다. 새해가 시작될 때 우리는 "이 새해가 내게 주어지는 마지막 해가 될 수도 있다"라고 말하며, 자신의 삶을 고치겠다고 결심한다. 하지만 며칠 못 가서 자신의 결심을 잊어버리고 태평해지고 오만해진다. 우리에게 날들이 흔들어서 눌러 담아도 넘칠 정도로 끝없이 주어질 것이라는 착각에 빠진다. 그러나 모든 것에는 끝이 있다. 튼튼한 물동이도 너무 자주 우물가에 가서 물을 긷다 보면 결국 깨어지고 만다. 수없이 폭풍에 용감히 맞섰던 오래된 나무도 언젠가는 결국 '쿵' 소리를 내며 주변의 나무들 위로 쓰러지고 만다. 아무리 강한 심장이라도 세월이 가면 약해져서 파르르 떨다가 결국 멈추어버린다.

모세가 그의 날들을 의미 있게 보낼 수 있는 지혜를 하소연하듯이 구하는 기도를 드린 것이 어쩌면 연말일지도 모르겠다. 야곱은 아주 고령의 나이에 바로 앞에 서서 이렇게 고백했다.

야곱이 바로에게 아뢰되 내 나그네 길의 세월이 백삼십 년이니이다 내 나이가 얼마 못 되니 우리 조상의 나그네 길의 연조에 미치지 못하나 험악한 세월을 보내었나이다 하고 창 47:9

모세와 야곱은 지혜롭고 훈련이 잘되고 노련한 사람들로서 인생살이를 잘 알고 하나님의 길에 경험이 많은 사람들이었다. 그들은 날과 해를 귀하게 여겼는데, 우리도 그들처럼 되면 좋겠다.

우리는 두려움 없이 새해를 맞을 수 있다

하지만 지금 나는 우리가 어두운 분위기로 한 해를 마무리하라고 조언하는 것은 아니다. 이제까지 기독교의 음악은 언제나 행진곡이었지, 장송곡이 아니었다. 우리가 인생이라는 학교의 훌륭한 학생이라면, 세월이 우리에게 가르쳐주어야 할 것은 많다. 하지만 그리스도인은 단지 학생이나 철학자가 아닌 신자이다. 그의 믿음의 대상이신 하나님께서 변화를 이루신다. 아주 큰 변화 말이다!

모든 사람 중에서 그리스도인이야말로 새해에 무슨 일이 일어나더라도 그것에 대해 가장 잘 준비가 되어 있어야 할 사람이다. 그는 삶의 근원적 문제를 해결 받은 사람이다. 그리스도 안에서 그는 다른 사람 같으면 아무 준비 없이 홀로 맞서야 했을 무수한 적을 이겨냈다. 그는 두려움 없이 쾌활한 마음으로 내일로 들어갈 수 있다. 어제 평안의 길로 들어와서 오늘 하나님 안에서 살기 때문이다. 하나님을 자기의 거처로 삼은 사람은 언제나 안전한 곳에 거하게 될 것이다.

큰 기쁨 가운데 살았던 하나님의 음유시인 찰스 웨슬리는 거의 모든 경우에 찬송가를 만들어 불렀다. 그의 생일날 아침에 그는 하나님을 찬양하는 노래를 작곡했다. 그 곡에서 두 연(聯)을 빌려서 새해의 첫날에 맞게 각색해 보자.

모든 영광과 찬양을 은혜의 아버지께,

성령과 아들께 돌리나이다.

그분이 그렇게 만드셨으며

제가 태어난 것을 기뻐하게 하셨나이다.

저의 남은 날들을,

온 세상을 속량하신 그분을 찬양하며

보낼 것이나이다.

그 날들이 많든 적든,

나의 날들은 그분의 것이므로

모두 그분께 바치나이다.

THE WARFARE OF THE SPIRIT

승리를 위해
본질을 회복하라

chapter 28

학교를 다녀도
아무것도 배우지 못한다

그리스도인이 되면 우리는 그리스도의 학교에 입학한다. 그리고 성령의 지도 아래에 놓이게 된다. 그런데 우리가 단계를 밟아 올라가면서 영적 완전함을 향해 나아가는 것이 정상이지만, 우리 대부분은 실제로 그렇지 못하다.

하나님 학교에서 배우지 못한 이스라엘

이스라엘 자손은 애굽에서 나왔을 때 하나님의 체험의 학교에 입학했지만, 배우는 것이 느렸다. 때로는 아무것도 배우지 못했거나, 심지어 이미 배운 모든 것을 중요한 순간에는 망각했다. 구약을 읽는 것이 도움이 되는 이유는 이스라엘 민족의 가치 있는 장점을 볼 수 있기 때문이 아니라, 학교에 다니면서도 아무것도 배우지 못하는 미련하고 비뚤어진 백성을 향한 하나님의 인자하심과 오래 참으심을 볼 수 있기 때문이다.

이스라엘은 경험을 통해 배울 수도 없었고 배우려고 하지도 않았기 때문에 여러 경우에서 패배하거나 압제당하거나 재산을 빼앗겼고, 결국에는 완전히 쫓겨나 전 세계에 흩어지게 되었다. 현재 세계 각지에서 유대인들이 살고 있다는 것이 이 사실을 증명해준다.

이스라엘이 마땅히 배워야 했지만 실제로는 그렇지 못했다는 사실은, 그들이 우리보다 둔하고 완고했다는 것을 말해주지 않고, 그들도 우리와 똑같았다는 것을 말해준다. 우리는 어떤 국가의 어리석음을 정죄하면서 자만(自滿)의 미소를 지어서는 안 되고, 오히려 그들처럼 넘어지지 않도록 우리 자신을 살펴야 한다. 왜냐하면 교회의 역사도 이스라엘의 역사와 마찬가지이기 때문이다.

신약성경의 마지막 책이 기록되기도 전에 교회는 그 이전의 이스라엘의 역사에서 특징적으로 나타났던 배움과 망각, 올라감과 떨어짐, 범죄와 회개의 패턴을 이미 시작했다. 그리고 1,900년이라는 오랜 세월이 흐른 지금 우리도 역시 그들과 다를 바 없다.

역사에서 아무것도 배우지 못하는 어리석음

"우리가 역사에서 배우는 모든 것은 우리가 역사에서 아무것도 배우지 못한다는 것이다"라는 속담이 있다. 이 속담이 정말 옳다는 것은 기독교 교파들의 역사에서도 분명히 증명된다.

거의 모든 경우에 새 교파는 기존 교파의 신학적 오류, 형식뿐인 예배, 세속적 행태, 외형주의 또는 교회 권력의 횡포에 반발하여 생겨났다. 기존 교파에 불만이 있으면서도 영적 열망이 뜨거운 사람이 나타나면, 그와 비슷한 소수의 사람들이 그에게 모여들었다. 그들은 그렇게 모여들기 전에, 또는 그렇게 모여든 직후에 분명한 종교적 체험을 했는데 그 체험으로 말미암아 복음증거에 박차를 가했고 더욱 열정적으로 노력했다. 대개 그들은 부담스럽고 복잡한 종교적 규칙들을 벗어던지고 소박함과 내면성을 강조했다. 그런 소박함과 내면성이 주는 평안이 아주 컸기 때문에, 그들에게 기꺼이 합류한 사람들은 자기들이 초대교회의 영광을 회복했다고 느꼈다. 아마 그들은 "하나님에게 푹 빠진 이 귀한 우리 무리는 결코 역사의 교훈을 잊지 않을 것이다"라고 생각했을 것이다.

그러나 그들도 잊었다. 설령 그들이 잊지 않았다고 해도 그다음 세대는 잊었다. 대개 영성운동의 제2세대가 불과 얼마 전에 그들의 전 세대가 거부하여 빠져나왔던 굴레에 다시 얽매이게 되는 것은 종교의 비정상적 현상 중 하나이다. 경고를 주는 슬픈 선례들을 많이 알면서도 제2세대는 몽유병이나 최면에 걸린 듯 과거의 굴레로 다시 곧장 들어간다. 그들은 다른 이들의 경험을 보고도 배우지 못한 것이다.

그런데 이런 현상은 각 교회에서도 일어난다. 살아 있는 교회의 영적 자유를 갈망하여 죽은 교회의 혼란스러운 세속성에서 도망친 사람 중 많은 이들이 새로운 공동체에서 영향력 있는 자리에 선출되어 앉으면, 이전 교회를 죽였던 그 관행을 그 새 공동체에서 즉시 반복하기 시작한다. 그들을 이전 교회에서 떠나게 만들었던 그 관행 말이다! 온갖 비성경적인 직권남용, 온갖 우상, 온갖 황금 송아지가 점점 더 나타나기 시작하여 성령께서 근심하시게 되고, 교인들의 영적 활력은 숨이 막히게 된다. 누가 무슨 말을 하더라도 이런 현상을 중지시켜 교회를 초기의 여명(黎明)으로 되돌려놓는 것은 불가능하다.

수업이 끝나기 전에 열심히 배우라

우리 그리스도인들이 들어가는 학교에서는 가장 지혜로운 선생들을 통해 여러 교훈이 제공되지만, 모든 것은 우리가 그 교훈에 어떻게 반응하는가에 달려있다. 불행하게도 우리 중 많은 이들은 거의 배우지 못하며, 조금이나마 배웠다 해도 그것마저 금방 잊어버리고 만다. 데마가 바울의 위대한 설교를 헛되이 들었던 것처럼, 우리 또한 훌륭한 설교를 듣고도 유익을 얻지 못할 수 있다. 우리는 아주 경건한 그리스도인을 만나지만, 더욱 경건한 삶을 추구하고 싶은 자극을 얻지 못한다. 기적적인 기도의 응답을 본다 해도 그것 때문에 더 나아지지는 않는다. 하나님께서 만들어 놓으신 상황이 교훈을 제공하고, 그 선생님(the Teacher)에게는 지혜와 인내가 있으시지만, 제자들은 유익을 얻지 못한다.

학교에 다니지만 게을러서 아무것도 배우지 못하는 아이는 심각한 낭비의 잘못을 범하는 것이다. 그의 부모나 납세자가 제공하는 학비를 낭비하는 것이다. 그를 가르치기 위해 애쓰는 모든 이들의 재능과 노력도 낭비되는 것이다. 그와 똑같은 경우가 바로 미련한 그리스도인이다. 그는 그를 돕기 위해 노력하는 모든 목회자와 선생의 고생을 헛되이 하는 것이다.

하나님과 거룩한 일들을 추구할 때에 도와주는 사람이나 이렇다 할 교재도 거의 없는 가운데 영적 능력과 순수함의 높은 수준까지 도달한 소수의 고상한 사람들이 있었다. 그러므로, 그들과 달리 도움을 줄 수 있는 사람이나 좋은 교재가 주변에 많이 있는데도 거의 배우지 못하는 우리는 마땅히 부끄러워해야 할 것이다.

우리가 고난을 당하고도 깨닫지 못해 그 고난이 헛된 고난이 되는 경우가 얼마나 많은가! 징계는 혹독한 선생이지만, 징계의 학교에서 얻을 수 있는 것은 아주 많다. 겸손한 마음과 열린 생각으로 징계의 학교에 들어가는 것은 매우 중요하다.

불행하게도, 학교에 다니면서도 아무것도 배우지 못하는 일이 실제로 일어날 수 있다. 머지않아 종료를 알리는 종이 우리 모두에게 울릴 것이므로, 그때가 오기 전에 열심히 배워야 한다.

chapter 29

가장 치명적인
죄들

나는 과거에 어떤 위대한 설교자의 설교를 자주 즐겨 들으며 유익을 얻곤 했다. 지금은 세상에 없는 그 설교자는 때때로 극적으로 "하나님은 죄를 분류하지 않으십니다!"라고 소리치곤 했다.

그의 말은 어떤 형태의 죄에 대해선 부주의한 태도를 취하는 경향을 비판하려는 의도에서 한 것인데, 그런 의미에서 나는 그의 말에 동의한다. 하지만 그럼에도 불구하고 하나님께서는 죄를 분류하신다. 국가의 법도 그렇고 모든 사람의 양심도 그렇다.

뱀들은 죽이는 능력에 있어서 서로 다르다. 그와 마찬가지로 죄들도 서로 다른 독을 갖고 있다. 독은 모두 나쁘지만 모든 독이 똑같은 정도로 나쁜 것은 아니다. 해를 끼치는 죄의 능력은 그 죄의 사악함의 정도에 따라 서로 다르다.

종교 안에서 발견되는 세 부류의 죄

종교의 영역 안에서 때때로 특정한 죄가 발견되는데, 나는 그것들에 대해 언급하고 싶다. 그 죄들을 세 가지로 분류하여 말하자면, 연약함 때문에 범하는 죄, 모든 이들이 다소간 허용하면서 부끄러워하지 않는 죄, 그리고 종교의 뼛속까지 스며들어 종교의 필수적인 부분이 되어 버린 죄다.

죄는 어떤 것이든 정당화될 수 없다. 모든 죄에는 형벌이 따른다. 하지만 충동적으로 범한 죄 또는 마음에 갈등을 느끼면서도 연약해서 범한 죄에는 뻔뻔하게 의도적으로 범한 죄만큼 치명적 책임이 따르지 않는 것이 분명하다. 그런 죄에서 완전히 구할 수 있는 능력이 그리스도께 있다. 그리고 그런 죄에서 건짐 받는 것은 더 쉬운데, 왜냐하면 그런 죄를 범하는 사람들 자신이 마음에 슬픔을 느끼기 때문이다.

두 번째 종류에 속하는 죄은 교회의 허용 또는 적어도 방조 가운데 저질러지는 죄로서, 다음과 같은 것들이다. 교만, 허영, 자기중심성, 경박함, 세속성, 너무 많이 먹고 마시는 것, 하얀 거짓말, 정직과 부정직 사이의 경계에 서는 것, 불행한 사람들을 동정하지 않는 것, 자만(自滿), 세속의 일들에 푹 빠지는 것, 쾌락을 사랑하는 것, 원한을 품는 것, 인색함, 험담, 그리고 성경에서 이름을 붙여 분명히 금하지는 않았지만 더러운 여러 가지 습관.

이런 죄는 너무 흔하기 때문에 보통 교회에서는 정상적인 것으로 받아들여지며, 교역자는 이런 것에 대해 전혀 언급하지 않거나 아니면 농담 비슷한 말로 웃어넘긴다. 이런 죄는 주말에 만취하여 시끄럽게 떠드는 것처럼 요란스럽지도 않고, 화산 폭발하듯 폭발하는 분노처럼 극적이지도 않지만, 결국에는 이 두 가지보다 더 치명적이다. 왜냐하면 사람들이 이런 것을 거의 죄로 생각하지 않아서 사실상 회개하지 않기 때문이다. 이런 죄가 여러 해 계속되는 가운데 성령께서 슬퍼하시고 교회의 영적 활력이 사라지지만, 모든 이들은 무엇이 잘못인지조차 모른 채 입으로는 참된 신앙의 언어를 말하고, 몸으로는 맥 빠진 경건생활을 이어간다.

그리고 또 다른 죄가 있는데 이것은 그 지독한 사악함으로 인하여 앞에서 언급된 죄들보다 더 나쁘고, 거의 '용서받지 못할 죄'에 가깝다. 이것은 대중적 종교의 뼛속까지 스며든 죄로서 대중적 종교의 성공을 위해 필수적인 것이 되어버렸다. 이 죄에 사로잡힌 사람이 이 죄에서 벗어난 경우를 나는 이제까지 본 적이 없다. 이 죄는 그런 사람을 완전히 파멸시키는 것 같다.

가장 치명적인 죄

내가 말하는 이 죄가 어떤 것인지에 대해 추측이 난무하는 것을 원치 않기 때문에 구체적으로 말하겠다. 내가 지적하고 싶은 것은 기독교의 성장을 위해 다양한 기독교 지도자들이 사용하는 방법들이다. 그런 방법을 통해 그들은 나름대로 성공을 거두지만, 그 방법들은 기본적으로 악한 것들이다. 몇 가지 예를 들어보자.

집회 참석 인원수에 대해, 그리스도를 영접하라는 부름에 응한 사람들의 숫자에 대해, 그리고 그들이 도시에 미친 영향에 대해 거짓말을 하는 것. 쇼맨(showman)이라면 누구나 알고 있는 심리 조종의 기술들을 이용하면서, 그 기술들이 마치 성령의 역사인 것처럼 경건으로 포장하는 것. 돈 많고 귀가 얇다고 알려진 사람들 앞에서 이런저런 것들을 위해 겸손히 기도를 드린 다음에 기도 응답에 대해 경건하게 간증하는 것. 사람들의 본성을 약삭빠르게 간파하고 그것을 이용하여 자신을 '믿음의 사람'으로 보이게 만드는 것. 홍보 전문가를 고용하여 자기들의 이름을 대중에게 계속 노출하면서도, 대중의 관심이 자발적인 것이라는 인상이 퍼지도록 그냥 내버려두는 것.

가장 고상한 형태의 경건의 모습으로 자신을 포장하는 기독교 그룹 안에서 또 다른 치명적 죄들이 저질러지는데, 예를 들면 다음과 같다.

어떤 자들은 병자들을 아주 불쌍히 여긴다고 말하면서 거대한 신유집회를 열지만, 병세가 가볍고 심리적 자극에 더 잘 반응하는 병자들과 가망 없는 병자들을 교묘히 구분하여 결국에는 사람들의 고통과 불행을 이용해 돈벌이를 한다. 이런 자들 중 일부는 넓은 토지를 소유하고, 굉장히 큰 차를 몰고, 비품이나 장비 등에 투자된 막대한 부를 자랑한다. 하지만 그들은 병고에 시달리다 못해 그들을 통해 치유를 얻겠다는 일념으로 혹은 다리를 절며, 혹은 기어서, 혹은 들것에 실려 모여드는 수많은 병자들의 고혈을 빨아먹는 자들이다.

몇 명의 신실한 목회자들이 그런 신유사역자 중 한 사람을 조사했을 때 그는 "내가 고용한 건강한 사람들이 내 집회 때에 설교단 앞으로 나와서 기도를 받은 다음 병이 치료된 척했습니다"라고 털어놓았다. 그에게 "어째서 그렇게까지 했습니까?"라고 물었을 때 그는 "사람들의 약한 믿음을 키워주기 위해서 그랬습니다"라고 대답했다. 그러므로, 그런 자들은 성령께서 일하시는 방법 중에 그들의 거짓말과 속임수를 슬쩍 끼워 넣으면서도 눈 하나 깜짝하지 않는 것이다.

또 어떤 자들은 돈의 힘과 사역자 자신의 개인적 장점에 힘입어 사역을 이끌고 나가면서도 말로는 자기가 성령의 능력을 온전히 의지한다고 말한다. 또 많은 이들은 세상의 온갖 얄팍한 방법들을 그들의 사역에 끌어들여 사용하는데, 그런 짓은 그들이 정말 소중히 여긴다고 입으로만 말하는 것들을 사실상 파괴하고 만다.

우리가 이런 것들을 입에 올리기만 해도 그들이 분을 참지 못하고 날뛰는 것은 그들의 도덕적 감각이 얼마나 마비되었는지를 잘 말해준다. 그리고, 그들에게 우롱당하는 대중이 우리의 이런 지적에 대해 분개하면서 오히려 그들 편에 선다는 것은 그들의 속임수가 정말 성공을 거두었다는 것을 말해주는 또 하나의 증거다.

chapter 30

순응이
덫이 될 수 있다

순응은 노예에게는 미덕이지만, 성도에게는 악덕이 될 수도 있다. 야심에 사로잡힌 정치인이 하루 일당을 몇 푼 더 준다고 말하며 경제적 안전장치를 대중에게 약속할 때 대중이 그에게 영혼까지 팔아먹는 경향이 있다는 것은 역사의 우울한 교훈이다. 그 정치인에게 순응하여 장자권까지 팔아먹은 대중의 입에서는 결국 "과거보다 몇 푼 더 받게 되었지만, 그것은 우리가 더 고생해서 받는 것일 뿐이다. 이제 우리에게 가장 필요한 안전장치는 우리의 보호자가 되겠다고 공약한 바로 저 정치인에게 당하지 않도록 지켜주는 안전장치이다"라는 고백이 뛰어나올 것이다.

정치적 독재자든 아니면 종교적 독재자든 간에 그들은

그들에게 충성하는 자들을 위해 작은 혜택들이나마 던져줄 수 있어야 하기 때문에 그런 것들을 언제나 수중에 갖고 있어야 한다. 그것들은 관중 앞에서 묘기를 부리는 물개에게 던져주는 물고기 같은 것이며, 미국 역사의 초기에 사냥꾼들이 의심 많은 사슴을 구식 전장총(前裝銃)의 사정권 안으로 유인하기 위해 잠복 장소 근처에 놓아두던 소금덩어리 같은 것이다. 독재자가 그의 독재적 통치를 원활하게 하기 위해서는 반드시 국민의 순응을 이끌어내야 한다.

물론 일정한 한계 안에서의 순응은 좋은 것이다. 음악가는 화음의 법칙에, 공학자는 물리학의 법칙에, 농부는 작물 재배의 법칙에 순응해야 한다. 내가 새 언어를 배우려고 한다면 그것의 문법, 어휘 그리고 관용표현에 따라야 한다. 문명사회가 존속할 수 있는 것은 시민의 다수가 문명사회의 법에 묵묵히 따르기 때문이다.

이 정도 얘기하면 순응의 장점들은 거의 다 얘기한 것 같다. 바꿔 말해서, 순응의 장점에 대해 더 할 말이 별로 남아 있지 않다. 이런 장점들을 제외한다면 순응은 거의 전적으로 악한 것이다. 왜냐하면 소수의 지배층이 줏대 없는 대중을 노예로 만드는 데 이용될 수 있고, 또 실제로 종종 그렇게 이용되기 때문이다.

순응 거부자들 덕분에 누리는 혜택

위대한 사람들은 거의 다 순응을 거부한 사람들이었다. 그들만큼의 재능을 타고나지 못한 우리 같은 사람 수백만 은 우리를 위해 대신 싸워준 강인한 순응 거부자들에 대해 하나님께 감사해야 할 것인데, 왜냐하면 우리가 태어나기 오래전에 분연히 일어나 기성세력에 맞섰기 때문이다.

정치 분야에서의 모든 발전은 대중에 의해 이루어지지 않았다. 그런 발전은 지도자의 자격이 없으면서도 지도층 에 앉아 있는 자들에게 대항하여 자기 한 몸을 위험에 던 진 소수의 반대자들에 의해 이루어졌다. 기성 체제의 관 리자들은 두려움에 찬 눈으로 하늘을 향해 하나님께 호소 했다. 그들이 보기에 하나님은 그들이 수고 없이 얻어 누 리는 지위, 재물로 가득 찬 그들의 보금자리, 그리고 그들 의 안락함 삶을 위협하는 그 저속한 불평분자들에게서 그 들을 지켜주시는 수호자셨다. 그러나 하나님께서는 그들 의 기도를 들어주지 않으셨다. 오히려 그분은 반대자들 편 에 서셨다. 서방세계에 사는 우리가 오늘날 이만큼의 자유를 누리는 것은 첫째 하나님의 선물이고, 둘째 기성 체제에 맞섰던 우리 조상의 선물이다.

우리 개신교도가 종교의 자유를 누리며 성경을 마음껏 읽을 수 있는 것은 그런 우리 조상 덕분이다. 우리는 기쁜 마음으로 그들의 무덤을 세운다. 하지만 그들의 투쟁이 성공하지 못할 것처럼 보였던 그 과거 시대에 우리가 살았다면, 그렇게 기꺼이 그들을 도왔을까?

하나님의 말씀에 순응하는 것은 언제나 옳지만, 종교 지도자들에게 복종하는 것은 그들에게 지도자의 자격이 있다는 것이 증명되었을 때만 선한 것이다. 모든 이들이 알아야 할 것은 그리스도의 교회 안에서 지도자의 역할을 하는 것이 영적인 일이라는 사실이다. 단지 투표로만 지도자를 뽑아서는 안 된다.

지나친 순응 강조의 위험

현재 우리 복음주의 교단들 안에 아주 위험스러운 일이 있는데, 그것은 교단 지도부에 순응해야 한다고 너무 많이 강조하는 것이다. 그렇게 하면, 우리에게서 나올 수 있는 독창성과 대담한 사업 추진을 죽이는 결과를 낳을 수 있다. 어떤 교단이 소속 목사들에게 요구하는 미덕이 오직 순응이고 교단에서 용납할 수 없는 유일한 죄가 불복종이라면, 그 교단은 매우 위험한 상태에 빠져 있는 것이다.

그런 상황은 교단의 지도부가 성령께 사명을 받은 것이 아니라 교회 제도에 의해 직책을 맡게 되었을 때 발생한다. 지도부가 영향력을 행사할 수 있는 자리에 계속 머물려면 그들 밑에 있는 사람들에게 교회의 규칙에 순응하라고 요구해야 하고, 또 그런 순응을 이끌어내야 한다.

차라리 지도부는 그들의 말에 잘 따르는 보통 수준의 구성원들로 이루어진 교단에서 지도자 노릇을 하기를 원할 것인데, 왜냐하면 기름 부음 받은 비전의 사람들이 나타나서 부지중에 교단 사람들에게 인기를 얻게 되는 곤혹스런 상황이 벌어지는 것을 원치 않기 때문이다. 그리하여 그들은 획일적으로 평균화되어 있는 맥 빠진 수준 위로 누군가의 머리가 올라오면 그것을 조용히 쳐내는데, 말로는 주님의 일을 보호하기 위해서라지만 실상은 교단에서 영향력을 계속 유지하기 위함이다.

성령의 인도를 받는 사람은 성령충만한 교회에서 그의 지위를 잃는 것을 두려워하지 않는다. 교회가 단지 하나의 기관으로 간주되는 곳에서 위계질서상의 자리 때문에 대우받는 사람들은 그들이 소중히 여기는 편한 자리를 지키거나 아니면 더 높은 자리로 올라가려고 발버둥 칠 것이다. 그럴 경우 그들은 생존의 방법을 찾는데, 여러 해에 걸쳐 가장 많은 이들이 가장 자주 사용해온 생존방법은 강제적 순응을 받아들이는 것이다.

교회가 영적으로 성장하려면, 다수결로 뽑은 지도부가 아니라 영성이 깊은 지도부가 있어야 한다. 사도바울이 어린 교회들에게 순종을 요구해야 할 필요성을 느꼈을 때 "내가 정당한 방법으로 선출되어 직책을 맡은 것이므로 내 말에 따르시오"라고 하지 않았다는 것은 매우 의미심장하다. 그는 교회의 머리이신 분에 의해 사도로 임명되었다는 사실에 근거하여 그의 권위를 주장했다. 그는 순전히 영적 영향력에서 나오는 권리에 의해 그의 지위를 유지했는데, 새로 창조된 자녀들은 오직 그런 권리만을 존중해주어야 한다.

성령께서 지배하시는 교회나 교단에서는 강제적 순응이 없을 것이고, 모든 구성원들이 기름 부음 받은 지도자들에게 기쁜 마음으로 협력할 것이다. 그런 교회나 교단에서는 왕(the King)의 사병들이 그들의 참된 지도자들을 인정할 것이고, 그 지도자들은 어깨에 견장을 달은 자들이 아니고 이마에 기름 부음을 받은 자들일 것이다.

chapter 31

그리스도의
인기

오늘날 세상에서 가장 믿기 힘든 현상 중 하나는 예수 그리스도의 어마어마한 보편적 인기다.

거의 모든 주요 종교가 그분께 호의적이고, 심지어 그분의 신성을 인정하지 않는 사람들도 그분께 경의를 표한다. 알고 보면, 모든 이단의 교리체계에서도 그분이 어떤 자리를 차지하고 계신다.

모든 철학, 심리학 그리고 과학도 그분을 인용해서 말할 때 긍정적으로 말한다. 그분의 교훈과 정반대되는 원리에 따라 사업을 운영하는 큰 기업도 계속 그분 앞에서 굽실거린다. 연예계도 그분께 아양 떨듯이 말하는데, 연예계가 만들어내는 그분의 이미지는 따스하고 매력적이다. 정치인, 프로권투선수, 스카우트단 지도자 그리고 사친회 회장에게도 그분의 이름은 매력을 갖는다. 그분은 링컨 같은 역사적 영웅이나 다그 함마르셸드(Dag Hammarskjold, 1905~1961. 스웨덴의 외교관으로서 UN 사무총장으로 봉직했다) 또는 앨버트 슈바이처 같은 현대의 유명 인사를 계속 압도하는 유일한 분이시다. 이런저런 사람들이 일시적으로는 신문의 머리기사에 등장하지만, 존경과 열광에서 늘 최고를 달리는 분은 그분이시다.

그러나 그럼에도 불구하고 그리스도의 교훈은 현대세계의 신념과 완전히 반대된다. 하나님의 나라의 뿌리에 놓여 있는 영적 철학은 문명사회의 철학과 근본적으로 충돌한다. 간단히 말해서, 신약성경의 그리스도와 인류 세계는 날카롭게 대립하기 때문에 결국 완전한 적의(敵意)에 이를 수밖에 없다. 둘 사이의 타협은 불가능하다.

예수님의 인기와 그분에 대한 오해

우리는 예수 그리스도께서 현재 보편적으로 인기를 얻는 것은 그분이 보편적으로 오해되고 있기 때문이라고 결론 내릴 수밖에 없다.

모두가 그분을 높이 평가하지만, 그분에 대해 진지하게 접근하는 사람은 거의 없다. 사람들은 단지 그분이 아이들과 소외된 자들을 사랑하신 인자한 이상주의자시라고 간주한다. 그들이 보기에, 그분은 인간의 선함을 믿을 정도로 순진하고, 자기의 신념을 위해 죽을 정도로 용기 있는 고상한 몽상가이시다. 세상은 그분이 온유하고 이타적이고 자애로운 분이라고 생각한다.

세상이 그분을 높이 평가하는 것은 우리 모두가 적어도 마음으로는 원하는 이상적 인간의 화신이셨기 때문이다. 우리는 "내 형편이 이렇게까지 어렵지 않다면, 내 미덕을 기를 수 있는 시간적 여유가 있다면 나도 그분처럼 되고 싶다"라고 말한다. 현실 속에서 존재하기에는 너무 고상하고 너무 아름다운 그 어떤 것, 그렇지만 우리의 마음의 보물창고에 꼭 넣어두고 싶은 그 어떤 것, 바로 그것을 보여주는 아름답고 거룩한 상징이 예수 그리스도시라고 세상은 생각한다.

사람들이 예수님의 말씀에 조금도 관심을 기울이지 않으면서도 그분에 대해 환상적이고 낭만적인 생각을 갖고 편하게 살 수 있는 것은 인간의 마음이 현실적인 부분과 이상적인 부분으로 구성되어 있기 때문이다. 이 두 부분이 완벽하게 서로 따로 놀기 때문에 수많은 사람들이 진심으로 "주여, 주여!" 하면서도 매 순간 그분의 권위에 정면으로 도전하면서 살아간다.

만일 어떤 사람이 유엔총회에서 일어나 예수 그리스도에게 경의를 표하는 말을 한다 해도 참석자 중 그것에 항의하는 사람은 아마 없을 것이다. 심지어 공산주의자도 항의하지 않을 것이다.

그러나 어떤 나라의 대표로 나온 사람이 "현재 논란이 되는 문제를 예수 그리스도의 교훈에 따라 해결합시다"라고 제안한다면, 다른 참석자들은 조롱과 야유를 보내며 투표에서 그의 안건을 부결시킬 것이다. 유엔총회 같은 웅장한 대규모 회의에서 그리스도가 일종의 도덕적 장식품으로 언급되는 것은 괜찮지만, 그 이상이 되는 것은 용납할 수 없다는 것이 그들의 태도이다.

이런 것에 대해 우리가 의아해할 필요가 없는데 왜냐하면 유엔은 결국 아담의 후손이 만든 조직이기 때문이다. 유엔은 하늘까지 닿을 '안전보장의 탑'을 세우겠다는 말세의 발버둥일 뿐이다. 처음 사람 아담은 수 세기 동안 지속

될 수 있는 것을 육신에 근거하여 세우려고 발버둥 치지만, 마지막 아담은 그것이 불가능하다고 선언하신다.

마지막 아담인 그리스도께서 처음 아담에게 인기가 있는 것은 딱 한 가지 이유 때문이다. 그것은 이 세상의 사람들이 그분의 교훈을 거의 모르고 그분을 완전히 오해하기 때문이다.

하나님의 영원한 계획이 이 땅에서 실현되어 가는 과정에서 첫 아담의 사회와 마지막 아담의 사회가 서로 완전히 적대적이면서도 일정 기간 동안은 공존하지만, 그 공존의 기간이 아주 길지는 않을 것이다(히 12:26,27 참조). 육신은 다음의 두 가지 중 하나이다.

첫째, 영에 대해 감탄하면서도 영을 따르지 않는다.

둘째, 영을 오해하기 때문에 자기가 영적이라는 착각에 사로잡혀 있다(그러나 사실은 부패의 늪에 빠져 있다).

이 두 가지 중 후자가 현재의 그리스도의 인기를 설명해 준다고 나는 믿는다. 그리스도와 거듭나지 못한 사회 사이의 대립은 날카롭고 화해 불가능이지만, 그분에 대한 사회의 잘못된 생각과 그 사회 사이에 모순이 있다는 것을 알아채는 사람들은 거의 없다. 그렇기 때문에 세상은 그분에

대한 자기의 이미지를 소중히 여기면서도 일말의 양심의
가책도 없이 그분의 계명들을 무시한다.

교회가 세상을 닮아가고 있다

그런데 우리가 염려해야 할 것은 세상이 그리스도에 대
해 찬사를 늘어놓으면서도 그분께 순종하지 않는다는 사
실이 아니라, 바로 교회가 그런 점에서 세상과 똑같다는
사실이다. 이 세상의 사람들이 그분의 교훈을 무시하면서
자기들 뜻대로 사는 것은 그들의 입장과 모순되지 않는다.
어차피 그들은 주님께 서약하지도 않았고 그분을 영접하
지도 않았다.

그러나 그리스도인이 그분의 계명을 무시하면 훨씬 더
나쁜 죄를 범한 것이다. 그는 그의 거룩한 서약을 어긴 것
이고, 하나님께 반역한 죄를 범한 것이고, 입으로는 그분
을 주님이라고 부르면서 행위로는 그분의 '주인 되심'을 부
정하는 추악한 죄를 범한 것이다.

"그리스도인들, 더욱이 성경을 믿는 그리스도인들이 그
리스도의 교훈을 습관적으로 무시하는 경우는 없을 것이
다"라고 말하는 사람이 있는가? 있다면, 그 사람으로 하여

금 그의 교회나 교단의 사업회의 때 자리에서 일어나 주님의 말씀 한 구절을 인용하면서 "이 말씀이 우리가 지금 의논하는 문제에 대해 최종적 권위를 갖습니다"라고 발언하게 하라. 그러면 그는 그리스도의 말씀이 대부분의 참석자에게 얼마나 영향을 주지 못하는지를 직접 보게 될 것이다.

오늘날 그리스도인들이 발전시킨 위험스러운 습관은 자기들과 관계없는 문제들에서는 신약의 권위를 받아들이면서도 자기들과 관계있는 문제들에서는 전혀 그렇지 않다는 것이다! 너무나 많은 교회에서 예수님은 인기가 있으시지만 무력하시다. 이것이야말로 또다시 종교개혁이 일어나야 한다는 것을 말해주는 것이 아닌가?

chapter **32**

'보통'에 숨은
위험성

20세기의 중반이라는 지금 이 시기에 대해 미래의 역사는 틀림없이 "그 시대에는 민주주의가 만연했지만, 그중에는 가짜 민주주의도 있었고 진짜 민주주의도 있었다. 그리고 그 시대의 민주주의는 언제나 사회주의의 영향을 강하게 받았다"라고 쓸 것이다. '언제나 사회주의의 영향을 강하게 받았던 시기'라고 불릴 것이다.

최근 평준화가 많이 진행되어 왔는데, 사무엘 존슨 박사(1709~1784. 영국의 시인 및 비평가)가 그의 시대에 지적했듯이 평준화주의자들은 항상 그들의 수준으로 끌어내리기를 원하지, 그들의 수준보다 위로 끌어올리기를 원하지는 않는다. 스스로 자기의 머리에 기름을 부은 평준화주의자 중 대부분은 거의 가장 밑바닥에서 시작하기 때문에, 결국 사회를 위로 끌어올리지 못하고 오히려 아래로 끌어내린다.

보통 사람의 저속함

영어를 잘 아는 사람들은 '보통의'(common)라는 말이 '저속한'(vulgar)이라는 뜻으로 쓰일 수 있고 또 실제로 그렇게 쓰인다는 것을 알고 있다. 저속한 사람은 취향이 저급한 사람으로, 거칠고 천박할 뿐만 아니라 그런 것을 즐긴다. 그런 사람이 종종 사회에서 다수를 차지하기 때문에 그런 사람이 '보통 사람'이라고 불리기도 한다. 그런데 불행하게도, 이런 보통 사람이 인간사회에서 대중의 본보기가 되었다.

그토록 많은 젊은이들이 대학 교육을 받겠다고 아우성치는 현재의 상황은 사람들이 보통에 만족하지 않고 더 높고 고상한 삶을 열망한다는 것을 말해주는 것 같다. 그러나 그런 열망은 환상에서 나오는 것이다. 높은 수준의 교육이 이론적으로 우리에게 무엇을 해주든 간에, 매년 대학 졸업자들이 사회로 쏟아져 나와도 사회는 전혀 고상해지지 않는다. 오히려 그 반대다. 대학 졸업자들은 사회에 나오자마자 사회의 사고방식과 생활방식에 금방 물들어버린다.

저속함은 인간의 영의 질병이기 때문에 교육, 여행, 그랜드 오페라(모든 대사를 노래로 하는 오페라)나 미술작품의 감상 따위로 치료되지 않는다. 저속한 사람들이 영어를 잘하고 복층 저택에 산다 해도 그들의 저속함이 드러날 수밖에 없는데, 예를 들면 그들의 태도와 도덕성과 열망에서도 나타나고 또는 그것들의 부재(不在)에서도 나타난다.

보통의 범주를 벗어난 그리스도인

진정한 그리스도인은 다수에 속하지 않기 때문에 '보통'이라는 범주에 속하지 않는다. 아브라함이 가나안 주민들과 달랐던 것만큼, 진정한 그리스도인도 그의 주변 세상과 다르다. 그는 위대하거나 우월한 존재가 되려고 하지 않고 낮은 곳에 처하며 겸손하여 다른 이들의 접근을 쉽게 허용하지만, 명예와 돈과 세상 쾌락과 삶과 죽음에 대한 태도에서 높은 도덕성을 보여주기 때문에 마치 다른 세상에서 온 것 같다는 인상을 준다.

열망을 죽이고 모든 이들을 다른 이들의 복제품으로 만

드는 것은 관습이다. 아우구스티누스(Augustine, 354~430. 기독
교 초기의 교부로서 역사상 가장 위대한 신학자 및 철학자 중 한 사람)는 이
렇게 썼다.

"화 있을 진저, 너 인간관습의 흐름아!"

누가 네 길에 있게 될 것인가? 얼마의 세월이 흘러야 네가
다 말라버리겠느냐? 얼마나 더 오래 동안 너는 십자가에 올
라탄 자들조차 거의 건너지 못하는 저 크고 무시무시한 대
양 속으로 이브의 아들들을 쓸어가려느냐? … 너 지옥의 흐
름아, 네 속으로 사람의 아들들이 던져지는구나!

'관습적인 것들의 정당성'이라고 불리는 것을 너무나 당
연히 받아들여 온 것이 이 세상의 큰 실수이다. 어떤 특정
기간에 다수의 가치와 태도와 관행은 사회의 모든 구성원
에게 구속력을 갖는 관례로 받아들여진다. 누군가 그 관례
에서 벗어나면 즉시 사람들의 주목의 대상이 되고, 심지어
는 "저 사람, 정신질환이 있는 것 아니냐?"라는 비난을 받
을 수도 있다. 내 추측이 틀리지 않는다면 나는 "관습의 옹
호자들은 정신질환자로 낙인찍을 수도 있다는 협박을 채

찍으로 사용하여 모든 이들을 한 줄로 세우려는 의도를 갖고 있는 것 아니냐?"라고 말하고 싶다. 이런 얘기가 나왔으니까 하는 말인데, 예수님 당시의 사람들이 그분께도 그런 방법을 사용하려고 했지만 결국 실패했다.

사람은 그가 매우 존경하고 열광하는 대상을 닮는 경향이 있는데, 이것은 일종의 마음의 법칙 같은 것이다. 우리가 어떤 대상을 오랫동안 깊이 존경하고 열광하면 생각과 마음의 결에 변화가 생기기 때문에 우리는 이전과는 아주 다른 사람으로 변하게 된다.

그리스도인은 좋은 본보기가 되어야 한다

그런 맥락에서 우리 그리스도인들에게 올바른 본보기가 생기는 것은 매우 중요하다. 예수님이 우리의 본보기라고 말하는 것만으로는 충분하지 않다. 물론 그분이 우리의 본보기이신 것은 맞지만, 대개 그분의 추종자라고 고백하는 사람들의 삶을 통해 그분이 알려지시는 것도 맞다. 그분의 추종자들의 행실이 더욱 훌륭해지고 그들의 목소리가 더욱 많은 이들에게 전달될수록, 수많은 기독교 대중은 더 큰 영향을 받을 것이다. 만일 본보기가 불완전하면 그리스도인의 삶을 위한 기준 자체가 저하될 것이다.

그리스도를 닮아야 하는 거룩한 의무가 우리 각 사람에게 주어져 있다. 이 세대의 그리스도인들이 마음 놓고 존경하고 열광할 만한 본보기가 되는 사람들이 생겨나야 한다. 본보기가 되는 것이 거룩함을 추구해야 할 첫 번째 이유는 아니지만, 그래도 거룩함의 추구를 위한 하나의 강력한 동기인 것은 사실이다.

많은 초신자는 우리 같은 사람들을 본보기로 삼는다. 세월이 흐르면 그들의 시선이 우리에게서 떠나 직접 주님을 향하게 되겠지만, 그때까지는 우리가 좋은 의미에서든 나쁜 의미에서든 간에 그들에게 주님을 보여주는 거울 같은 역할을 할 수밖에 없다. 이것은 우리가 직시하고 최대한 감당해야 할 아름답고도 두려운 일이다.

지금 교회의 안팎에 있는 사람들에게 기준으로 받아들여진 '보통이라는 것'을 깨부수기 위해 최선을 다해야 할 큰 책임이 우리에게 있다. 국가들에게는 보통을 뛰어넘는 지도자들이 필요하고, 교회에게는 보통을 뛰어넘는 그리스도인들이 필요하다. 우리는 이런 도전을 진지하게 받아들여야 한다.

chapter 33

사탄의 패배와
그의 어리석음

마귀는 지혜롭다. 아니, 그가 약삭빠르다고 표현하는 것
이 가장 적합할 것 같다. 왜냐하면 건전한 도덕적 판단력
이 지혜의 한 요소인데, 그에게는 그런 판단력이 없기 때
문이다.

그런데 더 깊이 생각해 보면, 우리는 "마귀는 약삭빠르
다"라는 말에 제한을 붙여서 "마귀는 단지 아주 피상적 의
미에서만 약삭빠르다"라고 말해야 한다. 왜냐하면 약삭빠
르다는 말에는 '앞으로의 일에 대해 계획을 잘 세우는 능
력'이라는 의미가 포함되어 있는데, 마귀에게는 그런 능력
이 없는 것처럼 보이기 때문이다. 정말로 약삭빠른 사람은
자기가 놓은 덫에 걸려들지 않지만, 마귀는 한 번도 아니

고 여러 번 자기의 덫에 걸려들었다.

약삭빠른 마귀의 어리석음

약삭빠른 전략가는 언제 공격을 해야 하고 또 언제 공격을 중단하고 철수해야 하는지를 잘 안다. 그런데 마귀는 그것을 모르는 것 같다. 성경에 기록된 역사를 보면, 그가 너무 지나쳐서 자기의 계획을 스스로 망친 경우가 아주 여러 번 나온다.

그중 한 가지 예는 그가 애굽에서 종살이하던 히브리 민족에게 분노를 쏟아부었던 경우이다. 애굽의 바로가 돈 한 푼 안 주고 히브리인 중 모든 건강한 자들을 부려먹고 있을 때, 적어도 바로가 보기에는 모든 일이 착착 잘 진행되고 있었다. 무수한 히브리 노동자들이 애굽의 대규모 공사를 위해 땀 흘려 벽돌을 만들었고, 바로는 벽돌을 위해 단돈 1원도 들이지 않았다. 노예들의 노동력이 벽돌을 제공했기 때문이다.

바로가 지혜로웠다면 아니 약삭빨랐다면, 그는 히브리 노동자들의 부담을 약간 덜어주었을 것이고, 그 후 여러 해 동안 그들의 노동의 결과물이 그에게 거저주어졌을 것이다. 그러나 정반대로 그는 불가능한 조건을 히브리인들에게 부과하였고, 고통에 못 이긴 그들은 하나님 앞에 무릎 꿇어 결국 그분의 구원의 손길이 임하게 하였다. 확실히 그 당시 마귀는 너무 나갔었다.

에스더 시대에 악인 하만은 마귀의 감언이설을 듣고 유대민족을 멸하려는 계획을 세웠다. 그러나 그 사건의 결말은 그의 노력이 얼마나 미련했는지를 보여주었다. 유대민족은 자유를 얻었고, 하만은 그가 미워한 유대인 모르드개를 달아매려고 했던 교수대에 자신이 매달리고 말았다. 다른 사람을 죽이려고 세웠던 교수대에 그의 시체가 매달려 흔들거렸을 때 불의의 어리석음이 드러났고, 사탄은 틀림없이 매우 놀랐을 것이다.

선한 사람들을 죽이려고 세워지는 교수대에는 결국 그것을 세운 자가 매달리게 된다는 것을 이제 세상은 안다. 설사 모른다 해도 마음만 먹으면 얼마든지 알 수 있다. 정의가 승리하는 데까지는 오랜 시간이 걸릴지 모르지만, 그래도 결국에는 악이 교수대에 매달린다는 것이 깊은 진리이다. 사탄은 이것을 알지 못했거나, 아니면 알았다 해도 그 진리가 드러나는 것을 원하지 않았을 것이다. 어느 경

우든 간에, 그의 이른바 '약삭빠름'은 그에게 전혀 도움이
안 되었다.

교회를 상대로 한 사탄의 쉬지 않는 긴 전쟁도 이제까
지 성공한 적이 없는데, 그렇게 된 한 가지 원인은 그가 지
혜롭지 못하기 때문이다. 그가 분노 중에 수백만 성도들이
피를 흘리게 했지만, 순교의 피는 언제나 교회의 씨앗이
되었다. "학대를 받을수록 더욱 번성하여 퍼져나가니"(출
1:12)라는 말씀은 일차적으로는 이스라엘 민족을 가리켜 한
말이지만, 여러 세기에 걸친 기독교의 역사가 어떤 것이었
는지를 아주 정확히 묘사해주는 말이기도 하다.

일부에서 말하듯이 사탄이 약삭빠른 전략가였다면, 직
접적인 공격을 통한 기독교 말살의 방법을 이미 오래전에
포기했을 것이다. 그러나 그는 지금도 세계의 여러 지역
에서 그 방법을 사용하고 있으며, 그렇게 함으로써 오히려
역효과를 내고 있다. 그 역효과라는 것은 그가 멸하려고
하는 사람들에 대해 오히려 대중이 동정심을 갖도록 만드
는 것이다. 이것은 지혜를 드러내지 못하고, 대신 분별력
없는 악의만을 잔뜩 드러낼 뿐이다.

사탄의 실수와 패배

사도 요한은 "하나님의 말씀과 예수를 증언하였음으로 말미암아"(계 1:9) 밧모라고 하는 외로운 섬으로 보내져 그곳에서 살게 되었다. 전설에 의하면, 그는 광산에서 일하게 되었다고 한다. 그러나 그 광산에서 그는 왕들이 그들의 권좌에서 보았던 것보다 더 멀리 보았고, 우주비행사가 그의 궤도를 돌면서 보았던 것보다 더 많은 것을 보았다. 왜냐하면 미래의 역사를 적은 두루마리가 그의 앞에 펼쳐졌기 때문이며, 또 새 예루살렘이 하나님으로부터 하늘에서 내려올 때까지 전개될 하나님의 계획들을 그가 보았기 때문이다.

그런데 만일 요한이 밧모 섬으로 보내지지 않고 에베소에 머물렀다면, 마귀를 덜 힘들게 했을 것이다. 만일 조용히 교회사역에 몰두할 수 있는 여건이 되었다면 요한은 편안히 늙어갔을 것이다. 그럴 경우, 그는 사탄이 불 못에 떨어지고 사탄의 제국이 멸망할 것이라는 예언을 세상에 전하지 못했을 것이다. 우리는 "요한을 공격했을 때 사탄은 그 이후의 일이 어떻게 전개될 것인지를 몰랐다. 그러므로 사탄은 일각에서 추정하는 것만큼 그렇게 약삭빠른 것은 아니다"라고 결론 내릴 수밖에 없다.

사탄의 입장에서 볼 때, 그리스도 예수라는 사람을 죽인 것은 또 하나의 큰 실수였다. 그리스도께서 이 땅에 계시다는 사실 자체는 사탄과 유대인들과 이방인들에게 책망과 심판의 의미를 가졌는데, 그분을 향한 증오에 불타는 사탄은 유대인들과 이방인들의 마음을 움직였고, 결국 그들은 연합하여 그분을 죽였다.

그러나 하나님은 십자가를 제단으로 변화시키셨다. 악한 자들은 그분의 죽음을 보면서 그분을 영원히 제거했다고 마음속으로 믿었지만, 그분은 영원한 성령을 통해 자신을 세상의 죄를 위한 대속의 제물로 흠 없이 하나님께 드렸던 것이다! 이것은 사탄이 본능적으로 그분을 자기의 원수로 인식하여 죽이려고 시도했을 때 전혀 알지 못했던 것이다! 그분의 부활은 가장 깜짝 놀랄 만한 사탄의 패배였다!

그런데 여기서 우리가 결코 잊지 말아야 할 것이 하나 있다. 사탄은 우리가 감당할 수 없을 만큼 약삭빠르다는 점이다. 그와 싸울 때 우리의 지혜를 의지하는 것은 패망의 지름길이다. 그런데 하나님께서 사탄의 본래의 지혜를 그의 본질적 어리석음으로 바꾸어버리셨기 때문에, 그가 그의 사악한 계획들을 이루는 것은 불가능해졌다. 하나님은 악을 그분의 선으로 바꾸셨는데, 의로운 하나님께서 다스리시는 도덕적 세상에서 악은 승리할 수 없다.

chapter 34

인간과
기계

나는 어떤 남자가 멋진 고급 승용차를 자랑스럽게 몰고 가는 것을 보고 이 글을 쓰게 되었다.

그의 차가 웅장한 분위기를 풍기며 지나갈 때 보니까 그의 두 팔은 핸들 위에 보기 좋게 올려져 있었고, 그의 코는 약간 위로 들려 있었으며, 그의 얼굴에는 만족감이 넘쳐흘렀다. 그는 자기 목표를 이룬 사람이었다. 자기가 살아가야 할 이유를 세상에 보여주고 있었다. 그가 보여준 것은 인생 최고의 목적을 이룬 사람의 모습이었다.

그 광경을 보고 사람들의 얼굴에 순간적으로 미소가 스쳤겠지만, 마음이 그렇게 즐겁지는 않았을 것이다. 왜냐하면 그 사람은 심각한 해악을 끼칠 수 있는 아주 잘못된 인생철학을 받아들인 수많은 사람 중 하나였기 때문이다. 만일 그런 사람이 딱 그 사람 한 명뿐이라면, 그 광경의 의미가 내 머리에 떠오르지 않았을 것이다. 그런데 사실, 그런 부류의 사람들은 날마다 하루 종일 열심히 일하는 이미지메이커의 노력의 결과를 보여주고 있을 뿐이다. 이미지메이커는 그가 원하는 대로 사람들의 생각을 조종하기 위해서 이용 가능한 모든 매스컴 매체를 이용한다.

잘못된 우월감

잘못된 것은 큰 차가 아니라 그것에 대한 그 사람의 태도였다. 본래는 유용한 도구로 사용되기 위해 만들어진 차가 우월성과 존재 이유의 상징으로 변질된 것이었다. 즉, 종교적 의미를 갖게 되었던 것이다. 그 사람은 가볍게 여겨 그냥 넘길 수 없는 오류에 빠져 있는 것이다. 그 오류는 그의 현재의 삶에 악영향을 끼칠 것이고, 앞으로의 모든 시간에 그의 인간성을 형성할 것이다.

오래전에 나는 세상의 인생철학을 크게 바꾸어놓겠다는 희망을 포기했다. 그러므로 내가 세상 사람들의 삶의 방식에만 관심을 갖는다면, 굳이 이 글을 쓰지 않을 것이다. 하지만 하나님의 자녀들이 세상의 가치관을 받아들이면 어떤 그리스도인이 일어나 말해야 한다. 바벨론에는 당연히 그들의 신들, 그들의 삶의 방식, 그리고 그들의 도덕적 기준이 있을 것이다. 그런데 이스라엘이 그것들을 받아들이기 시작하면, 하나님의 선지자는 일어나 그 잘못을 지적해야 할 책임을 지게 된다.

그 대형 승용차를 몰고 지나간 사람은 자신에 대해, 다른 이들에 대해, 그리고 다른 이들과 그 자신과 관계있는 모든 것들에 대해 잘못 생각하고 있는 것이다. 그는 버스에서 내려 런던에 도착한 사람이 자기가 뉴욕에 도착했다고 생각하는 것만큼 완전히 잘못 생각하고 있는 것이다.

그런데 그는 그의 잘못에 대해 비난이나 책망을 받아서는 안 된다. 그는 단지 착각에 빠져 있기 때문이다. 아주 지독한 착각 말이다. 우리는 그를 '길을 잃은 사람'이라고 생각하여 인내심을 갖고 다루어야 한다. 왜냐하면 적어도 현재 그는 분명히 '길을 잃은 사람'이기 때문이다.

누군가 그 사람에게 "사람의 생명이 그 소유의 '넉넉한 데'(또는, 호화로운 데) 있지 아니하니라"(눅12:15)라는 말씀을 설명해주어야 한다. 누군가 그에게 "어떤 것이 탁월하다는 것은 그것의 본질이 완성에 도달했다는 의미다"라고 가르쳐주어야 한다. 플라톤이 어딘가에서 말했듯이, 말의 탁월함은 힘과 속도와 지능 같은 말의 특징들이 완성에 도달했을 때 얻어진다. 그런 특징들은 다른 존재에게 옮겨질 수 없다.

만일 좋은 말의 특징들을 굴뚝새에게 옮겨놓았다고 가정해보자. 그러면 굴뚝새도 아니고 말도 아닌 이상한 괴물이 탄생할 것이다. 만일 말의 등에 올라탄 굴뚝새가 자기가 완성의 상태에 도달했다는 착각에 빠져 자랑스럽게 달려간다면 얼마나 기가 막히겠는가! 그런 일은 일어나서는 안 된다. 말의 특징을 굴뚝새의 본질에 심어주어 굴뚝새의 탁월함을 높이는 것은 불가능하다. 그 새가 할 일은 영원히 자기의 것이 될 수 없는 남의 영광을 빌려오려고 애쓰는 것이 아니라, 자기가 누구인지를 알고 둥지 옆에서 노래하거나 새끼들을 위한 먹이를 구해 오는 일을 하면서 자기의 완성을 추구하는 것이다.

인간의 탁월함은 본질의 완성에 있다

사람도 마찬가지다. 인간의 탁월함은 그의 본질의 완성

에 있다. 하나님은 인간에게 다른 존재에게는 없는 능력들을 주시고 또 육체를 주셨는데, 인간은 그의 육체를 통해 그 능력들을 사용하여 열매를 맺어야 한다. 자동차의 탁월함은 인간의 탁월함과 다르다. 자동차 때문에 인간의 영광이 더 커지는 것은 아니다.

보잘것없는 짐승을 타고 예루살렘으로 입성하실 때 우리 주님은 세상의 가장 완전한 인간으로서의 그분의 위엄을 전혀 잃지 않으셨다. 반면, 보잘것없고 이기적이고 두려움에 떠는 인간이 빛나는 고가의 강철 괴물을 탄다고 해서 그의 위엄이 커지는 것은 아니다. 그것을 타는 자신이 더 위대해졌다고 느끼는 것은 역설적으로 그가 얼마나 연약한지를 드러내줄 뿐이다. 그것을 타면서 자신이 큰 자가 된 것처럼 행동하는 것은 그의 인생철학 자체가 근본적으로 잘못되었다는 것을 더욱 분명히 드러낼 뿐이다. 그는 자기가 더 강한 자가 되었다는 환상에 빠지지만, 실상 그는 강한 것이 아니다. 그가 고작 생각하는 탁월함은 자동차라는 기계 한 대의 탁월함일 뿐이다. 그런 탁월함에 동참하는 존재는 그의 옆 좌석에 앉아 창문 밖으로 머리를 내밀고 있는 강아지 정도다.

다시 말하지만, 인간의 탁월함은 그의 본질의 완성에 있다. 사물이 인간 안으로 들어가 그를 더 훌륭하거나 더 가치 있는 존재로 만들어주지는 못한다.

"만일 하늘에서 주신 바 아니면 사람이 아무것도 받을 수 없느니라"(요 3:27). 처음에 인간의 본질을 만드신 분만이 그분의 형상에 따라 그것을 재창조하실 수 있다.

인간이 이 땅에서 어떤 상황에 처해있든 간에, 그 상황이 그가 내면적으로 가지고 있는 것을 증가시키거나 감소시키는 것은 아니다. 염소의 가죽을 입고 유리했거나 박해자들을 피해 은신처와 굴에 숨었던 순교자들에게는 그들의 인간적 자신감이나 사회적 지위를 유지시켜줄 외형적 조건은 없었다. 그러나 그리스도께서 다시 오시는 그 큰 날에 그들의 내면적 탁월함은 해처럼 밝게 빛날 것이다.

그러므로 고급 승용차를 자랑스럽게 몰고 지나가는 그 사람을 볼 때, "진정한 탁월함이 영혼 없는 기계의 아름다움이나 우아함에 있지 않고 도덕적 품성에 있다는 것을 저 사람은 왜 깨닫지 못할까?"라는 의문이 내 머리를 스친다. 그리고 "저 사람이 불신자일까 아니면 가까운 교회의 집사일까? 집사라면 그의 교회는 아마 복음주의 교회가 아닐

까?"라는 생각도 든다.

그리고 나 자신, 내 가족, 내가 책임지고 있는 사람들, 그리고 그리스도께서 위하여 죽으신 사람들에게 이런 문제를 적용해보면 마음이 착잡해진다.

이끄는 자와
따르는 자

우리 주님이 우리 모두를 양이라고 부르셨을 때 그분의 말씀 안에는 "너희는 따르는 자들이 되어야 한다"라는 뜻이 숨어 있었다. 베드로가 우리 중 어떤 이들을 목자라고 불렀을 때 그의 말에는 "여러분 중에는 따르는 자들뿐만 아니라 지도자들도 있어야 합니다"라는 의미가 들어 있었다.

인간의 본성이 어떤 것인지를 고려할 때, 인간에게는 지도자가 있어야 한다는 것이 자명해진다. 만일 다섯 명의 사람이 구명정을 타고 표류한다면 그들 중 한 사람이 즉시 통제권을 갖게 된다. 그런 상황에서 어떤 현안을 놓고 투표할 필요는 없다. 그 한 사람을 제외한 나머지 네 명은 누가 지혜롭고 강한 사람인지를 일종의 직관(直觀)을 통해 알게 되기 때문에, 그 한 사람이 어떤 형식적 절차 없이 지도자가 되어 전체를 책임을 지게 될 것이다.

재난, 화재 그리고 홍수 같은 것이 터지면 누군가 지도자가 된다. 그런 상황에서 사람들은 그들을 지휘할 수 있는 침착함과 담대함을 가진 사람을 군말 없이 따르게 된다. 그를 따랐던 사람 중 몇몇 이들이 위기가 끝난 후에 그 사람에 대해 이런저런 흠을 잡는 일이 생길 수도 있겠지만, 적어도 위기 중에는 그의 지도력을 기꺼이 받아들인다.

지도자가 필요하다

그리스도인 중에도 지도자와 따르는 자들이 생긴다. 따르는 자들이 지도자에게 분개할 수도 있지만, 그래도 그들에게는 지도자가 필요하다. 그들은 때로는 약간 못마땅해하면서도 그를 따른다.

굳이 이상(理想)을 말하자면, 양들이 목자장 예수님만을 따르고 나머지 지도자들을 모두 무시하는 것이다. 사실 때로는 개인주의자가 발견되는데, 그런 사람은 "나는 오직 주님만을 따릅니다"라고 말하면서 인간 선생들의 말을 듣거나 기독교 공동체의 활동에 참여하는 것을 고집스럽게 거부한다. 그런데 그런 사람이 자기의 신념에 충실할 권리가 있다는 것을 우리가 인정해야겠지만, 그럼에도 불구하고 "그런 사람은 신앙이 약해질 수밖에 없고 열매도 맺지 못하게 된다"라고 말하지 않을 수 없다. 주님의 양떼에서 이탈하는 것은 푸른 초장과 잔잔한 물가의 복을 놓치는 것이다.

하나님의 교회에 지도자들이 있어야 하지만, 지도자는 또한 따르는 자이기도 하다. 바울이 고린도 교인들에게 한 권면, 즉 "내가 그리스도를 본받는 자가 된 것같이 너희는 나를 본받는 자가 되라"(고전 11:1)라는 권면은 우리에게 모범을 보여주는 말이다. 주님을 충실히 따르는 지도자를 따르는 것은 주님을 따르는 것이다. 반면, 그리스도를 따르지 않는 지도자를 따르는 것은 재앙을 불러들인다.

주님을 따르는 지도자를 따르라

그런데 주님을 따르는 지도자가 누구인지를 우리가 어떻게 알 수 있는가? 누구를 믿어야 할지를 어떻게 알 수 있는가? 우리는 법과 증언에 따라 판단해야 한다! 선생의 교훈이 하나님의 말씀에 따르는 것이 아니라면, 그에게는 빛이 없는 것이다. 종교 지도자의 달변이나 인간적 장점에 이끌려 그를 따르는 것은 아주 위험한 길로 여행을 하는 것과 같다. 많은 이들이 그런 잘못을 범하여 영원한 멸망과 슬픔의 구렁텅이로 떨어졌다.

믿어도 좋을 만한 참된 지도자의 한 가지 특징은 다른 이들을 지도하고 싶은 마음이 없음에도 불구하고 성령의 내적 압박과 상황의 불가피성 때문에 지도자의 자리에 앉게 되는 것이다. 모세, 다윗 그리고 구약의 선지자들이 그랬다. 내가 볼 때, 바울부터 현재에 이르기까지 위대한 기독교 지도자는 거의 전부 성령께 택함을 받아 일을 맡게 되었고, 교회의 주님께 사명을 받아 성격상 맞지 않는 자리에 앉게 되었다.

경험적으로 볼 때, 지도자가 되겠다는 야망이 있는 사람은 지도자의 자격이 없다고 말해도 무방할 것이다. 장자(長子)들의 교회는 선동가나 옹졸한 종교 독재자를 위한 곳이 아니다. 참된 지도자는 하나님의 백성 위에 군림하고 싶은 마음이 없이 오히려 겸손하고 온유하고 자기를 희생할 것이다. 그리고 지도자가 지녀야 할 자세뿐만 아니라 추종자로서의 자세도 갖고 있기 때문에, 자기보다 더 지혜롭고 더 재능 있는 사람이 나타났다는 것을 성령께서 분명히 보여주시면 그 사람을 기꺼이 따를 것이다.

제대로 된 지도자의 부재

내가 그토록 자주 말했듯이, 교회가 시들어가는 이유는 지도자가 없기 때문이 아니라, 제대로 된 지도자가 없기 때문이라는 것은, 분명한 사실이다. 왜냐하면 잘못된 지도자가 있는 것보다는 차라리 지도자가 없는 것이 더 낫기 때문이다. 앞을 보지 못하고 무작정 따라가다가 절벽 아래로 떨어지는 것보다는 그냥 가만히 서 있는 것이 더 낫지 않은가? 교회가 강한 지도자들 밑에서는 매우 힘차게 뻗어나갔지만, 자기의 유익을 위해 현실에 안주하는 연약한 지도자들 아래에서는 지극히 쇠퇴했다는 것이 역사의 교훈이다. 양들이 목자보다 더 높은 수준으로 올라가는 경우는 극히 드물다.

그러므로 투표권을 가진 교인들이 모두 성령과 지혜로 충만하지 않다면, 제한 없는 민주주의가 교회에 좋은 것은 아니다. 교회의 일을 교인들 전체의 손에 맡기는 것은 한 명의 지도자 대신 많은 지도자를 세우는 것과 마찬가지인데, 만일 그 교인들이 입으로만 신앙을 고백하는 육신적인 사람들이라면, 그것은 한 명의 연약한 지도자 대신 많은 나쁜 지도자를 세우는 셈이 될 것이다. 백 명의 소경이 모인다고 해서 한 명의 소경보다 더 잘 보는 것은 아니다.

이상적인 지도자는 성령의 음성을 듣고 그 음성이 지시하는 방향으로 사람들을 이끌고 가는 지도자다. 그러나 불행하게도, 모든 지도자가 이상적이지는 않다. 너무나 많은 지도자가 '따르면서' 이끌고 나간다. 이것이 무슨 말인가?

기독교계의 사역들에서 볼 수 있는 우스꽝스러운 경우 중 하나는 어느 방향으로 가야 할지에 대해 확신 없는 지도자가 "교인들은 내가 그들을 어느 방향으로 이끌고 가기를 원하는 것인가?"라고 고민하며 그 방향을 찾으려고 애쓰는 것이다.

그런 지도자는 이스라엘을 애굽에서 이끌어내었던 모세처럼 보이려고 노력하면서, 교인들보다 조금 앞에 서서 힘들게 앞으로 나아가는 우스운 모습을 연출한다. 그런 지도자는 여론의 풍향을 알기 위해 시험용 풍선을 띄운 다음, 바람이 부는 방향으로 대담하게 나아간다. 그러면서 바람이 불기 전에 그에게 먼저 상의했다는 인상을 주려고 무진

애를 쓴다.

나의 이런 말이 너무 가혹하게 들린다고 말하는 사람들이 있다면 나는, 진짜 현실은 내가 말하는 것보다 훨씬 더 심각하다고 말하지 않을 수 없다. 모든 도시마다 그곳에서 뛰어난 성직자라고 평판이 자자한 기독교 지도자가 있지만, 어떤 문제가 터졌을 때 그는 여론을 충분히 살피기 전엔 그의 입장을 정하지 않는다. 다시 말해서, 그는 "다수 쪽의 입장을 지지하는 것이 좋겠다"라든지 아니면 "적어도 영향력 있는 소수 편에 서는 것이 좋겠다"라는 확신이 꽤 생겨야 비로소 그의 입장을 밝힌다는 것이다. 그런 지도자는 삯꾼이므로, 그리스도의 날에 삯꾼으로 드러나 그에 상응한 처벌을 받을 것이다.

우리는 주님께 지도자들을 보내달라고 기도해야 하며, 또 그런 지도자들이 나타나면 그들을 위해 기도해야 한다.

영의 전투

초판 1쇄 발행	2024년 10월 21일

지은이	A. W. 토저
옮긴이	이용복

펴낸이	여진구		
책임편집	이영주 박소영		
편집	최현수 안수경 김도연 김아진 정아혜		
책임디자인	마영애 | 노지현 조은혜		
홍보·외서	진효지		
마케팅	김상순 강성민	마케팅지원	최영배 정나영
제작	조영석 허병용	경영지원	김혜경 김경희

303비전성경암송학교 유니게 과정
이슬비전도학교 / 303비전성경암송학교 / 303비전꿈나무장학회

펴낸곳	규장

주소 06770 서울시 서초구 매헌로 16길 20(양재2동) 규장선교센터
전화 02)578-0003   팩스 02)578-7332
이메일 kyujang0691@gmail.com   홈페이지 www.kyujang.com
페이스북 facebook.com/kyujangbook   인스타그램 instagram.com/kyujang_com
카카오스토리 story.kakao.com/kyujangbook
등록일 1978.8.14. 제1-22

ⓒ 한국어 판권은 규장에 있습니다.
이 출판물은 저작권법에 의해 보호를 받는 저작물이므로 무단 전재와 무단 복제를 할 수 없습니다.

책값   뒤표지에 있습니다.
ISBN 979-11-6504-564-7   03230

규 | 장 | 수 | 칙

1. 기도로 기획하고 기도로 제작한다.
2. 오직 그리스도의 성품을 사모하는 독자가 원하고 필요로 하는 책만을 출판한다.
3. 한 활자 한 문장에 온 정성을 쏟는다.
4. 성실과 정확을 생명으로 삼고 일한다.
5. 긍정적이며 적극적인 신앙과 신행일치에의 안내자의 사명을 다한다.
6. 충고와 조언을 항상 감사로 경청한다.
7. 지상목표는 문서선교에 있다.

하나님을 사랑하는 자 곧 그의 뜻대로 부르심을 입은 자들에게는 모든 것이 合力하여 善을 이루느니라(롬 8:28)

 Member of the
Evangelical Christian
Publishers Association

규장은 문서를 통해 복음전파와 신앙교육에 주력하는 국제적 출판사들의
협의체인 복음주의출판협회(E.C.P.A:Evangelical Christian Publishers
Association)의 출판정신에 동참하는 회원(Associate Member)입니다.